ULTIMATE
WORDSEARCH
COLLECTION

First published by Parragon in 2007
Parragon
Queen Street House
4 Queen Street
Bath BA1 1HE, UK

Cover design by Talking Design

ISBN 978-1-4075-0189-5

Printed in China

ULTIMATE
WORDSEARCH
COLLECTION

Bath · New York · Singapore · Hong Kong · Cologne · Delhi · Melbourne

A Warm Start

```
Y R Z B A E N I H S N U S P A
Y T F F A A Y O N I D K O T Y
R K I K Q X H W F H B Z I B T
N Q E C J Y E F N Z J I V B W
I Q Q R I F A O C P Q Y O Y A
D K J B O R I D F X N V N F R
I O V V A S T R G L G N R C M
P H L P S T E C E L U I H R T
E V U A B E V N E S O S A T H
T O P X Q K A A E L I W H G U
A C P H M N W O D R E D I E Z
I N S U L A T E E K U T E N D
D K N V A L A V U V K O Y I G
A K J Q O B E L E W N L L A V
R E V O C F H T D G I R B L H
```

BLANKETS	HEATWAVE
COAL	INSULATE
COVER	KEROSENE
DUVET	LUKEWARM
EIDERDOWN	PARAFFIN
ELECTRICITY	PASSION
FEVERISH	RADIATE
FIRESIDE	SUNNY
FLUSHED	SUNSHINE
GENIAL	TEPID
GLOWING	WARMTH

Soft Words

```
B O U E G E O K C R C D S L S
Q D P K C S Z T P L Z A M Q X
W E W Q I Z L D O W N Y O Y R
Q X B J S N W U Z Y M S O E J
D U R N D W D O F N J U T W Y
J G I E V S R F V I E O H O B
R Q I E C E U Q P Q C I V L N
Y Q Z Y T L L O Y S S R R L I
A D A T F U R V I P G U E E Z
W Z U E Y Y S L E D P X L M Y
G B I L Y C K R L T O U A A J
O I I T C E W L D R Y L X A M
B P S N N E P L I A B L E J Y
Z I E E T L T E N D E R D M W
M J A G B F X R G D B Z B F C
```

BUTTER	MERCIFUL
CLOUDS	MISTY
DOWNY	PLIABLE
DULCET	QUIET
FLEECY	RELAXED
FLUFFY	SILKEN
GENTLE	SMOOTH
KIND	TENDER
LUXURIOUS	VELVETY
MELLOW	WHISPER
MELODIOUS	YIELDING

Islands of the Southern Seas

```
M D H F G D M I U V A D N A K
N E G Z X V W V J N K B J C I
B K R E U J E O X Y I S W F N
U I D N B L D N V O T M B N G
S R I X A H R I O B E G U A M
T I X U N I M G A I Y N I U A
G B N T A O V O M N N I R E N
B A L C B A T E I A A U R O T
V T T A A S E N U W R L E U B
T I E Y S O U T A O X E T R D
P M L Z O S A H A C X P S U M
X O K A I U D P S I I W A A Y
I R E M N J L O Z N A H E N T
E P J A R V I S I C O R V W O
C U V G D G R F J G N H A X S
```

BANABA
BORNEO
CANTON
EASTER
FIJI
GUAM
HAWAII
HONSHU
JARVIS
KANDAVU
KINGMAN

KIRIBATI
LANAI
MURUROA
NAURU
PITCAIRN
RAIATEA
REUNION
SERAM
TIMOR
VANUA LEVU
VANUATU

Computers

```
U B B L E P A C S T E N W J R
Y N W N T R K K O H K V A F R
I K S J Y E W M F A A V Y R A
S E T Y B S T I S C A N N E R
F Y L L A W E R I F C X X C S
W B D M G O N O S T D R H A W
D O A O E R R U Y X R S E P O
Q A O N M B E G L E O C R A D
Y R L I D L T V A T M O A C N
T D N T U W N N N R C M W I I
C C W O C X I I A E Q P T T W
J I O R H N C D S P D U F Y I
W K D L Z A Z S T Y Y T O K B
D B X F M N O U U H P E S A O
T F O S O R C I M J D R G P M
```

ANALYSIS

BANDWIDTH

BROWSER

BYTES

CAPACITY

CD ROM

COMPUTER

DOWNLOAD

FIREWALL

HYPERTEXT

INTERNET

JAVA

KEYBOARD

MACINTOSH

MEGABYTE

MICROSOFT

MONITOR

NETSCAPE

PROCESSOR

SCANNER

SOFTWARE

WINDOWS

Enter!

```
E X R E T N E P E R C R R R
N T A E P N J F E A K E E E V
T X N K T P P T R R T T T T H
E M L E N N N P E N A N R N H
R T D F M E E T E R E E E E C
T O P N S N N M E V T S N C O
A R B S T E I T G N U S T E N
I M A E M R N A E U O I E P S
N E R A E E V M T R A D R G E
E N L P X T E D S R P W D I N
R T X E J C T J D E E R B T T
T E N T E R H O O K S T I H E
E R E T N E M O F I O K N S R
R I W W H G N I R E T N E E E
Y C A B A R E T N E S E R P X
```

ASSENTER

AUGMENTER

CARPENTER

CEMENTER

CENTER

CONSENTER

DISSENTER

ENTERIC

ENTERING

ENTERPRISE

ENTERTAINER

ENTERTAINMENT

EXENTERATE

EXPERIMENTER

FOMENTER

LAMENTER

PRESENTER

RENTER

REPENTER

TENTERHOOKS

TORMENTER

VENTER

Some Famous Belgians

```
A K Y P R I C J J V X U S C J
S B E T T I R G A M K K R C Z
K U Z X M H M N C D C X E E O
P C S X V T D G L U I K K U X
E Q N B N A F S O V L C C L W
S U A I M L C R V E N Y E E O
S O M M L T B R H A B L D M S
I Y E R V R N G R M E L J A R
L X T Y E R E F I M E R E N E
A K T W U U C T A V L N Z S T
M C U B R T H I E L E M A N S
A R P B Q Z T D I A B N P R J
Z E Q S J R N O N E M I S Z I
H M V O E A P P E L M A N S L
O W X G V A N H O O L G I Y C
```

APPELMANS	MAGRITTE
BRUEGHEL	MALISSE
BUCQUOY	MERCKX
CEULEMANS	PUTTEMANS
CLIJSTERS	REMI
DECKERS	SIMENON
FRANCK	THIELEMANS
HEPBURN	VAN DAMME
ICKX	VAN HOOL
LEMAITRE	VANDEVELDE
MAETERLINCK	WERBROUCK

Roman Deities

```
G Z U A A N Y R U C R E M C J
A R I S E R E C M K P O Y P N
N G E M Z S S L E E R Z V Z N
A R Y T E B C U N P O E G J I
I H U T I X I U H H S S Y B D
D A Z T A P T E L T E Z F L A
P E S H A P U F A A R M I G S
O D G A E S O J A D P B F M C
I E P N U A K L P U I I G A J
N Y L L S R K V L T N P U R D
P X L K Y O S I I O E U U S E
N E U A V R E N I M K L S C N
T R E G O U A K H Z P J Q P W
R I F M N A C L U V E N U S W
X U M G S D F L E V K C F H E
```

AESCULAPIUS	MERCURY
APOLLO	MINERVA
AURORA	MORPHEUS
CERES	MORS
CUPID	NEPTUNE
DIANA	PROSERPINE
FAUNUS	SATURN
HYMEN	TELLUS
JUPITER	VENUS
LIBITINA	VESTA
MARS	VULCAN

Gone Fishin'

```
M F S W O L L A H S I F T A C
E I Y P C W Z W O D A P D U Z
R S A W R R I V E R B A N K L
U H E N M I G T X I S S E D Q
O E W D O K N V J F K D N V T
B R E A K I N G S T R A I N U
R M P N T L T Y T L F F L R O
A E M A V E N I G I A H E G R
H N K P O E R K T N D D R N T
I N S H O R E P Z E N E O I E
L O B S T E R I R U P M H T P
N H S I F G O D O O L M S S G
H E R R I N G L T A O W O A M
C P O Z R O F W S Q J F Z C L
W H C T A C V W A D E R S H V
```

BREAKING STRAIN	HERRING
CASTING	INSHORE
CATCH	LOBSTER
CATFISH	RIVERBANK
COMPETITION	SALMON
CONGER EEL	SHALLOWS
DOGFISH	SHORELINE
DRIFTLINE	SPRING TIDE
FISHERMEN	TROUT
FLOUNDER	WADERS
HARBOUR	WATERPROOFS

Skiing Vacation

```
G N Z P U H C E L N Y J Q O X
T E O A X B W Z E R M A T T Q
P D D T R J K P H S L W Y N D
P L H V N G S R U N G H H K Y
J O A C E A E W B S R I I J S
E S H B G Q T N Z T U S N O J
N O L L N S R S T W G T L W Z
I V C B I V T A I I R L L T A
D A H R R V M J K D E E I W I
R D A A I R V Z O Q B R Y R R
K L M N E M A Y R H O F E N O
L G O D M R E L L M A U P D V
A I N I V R E C T M L N M I A
U A I S R E T S O L K N N T X
X Y X K P C T R Y W U Q U W X
```

ANDERMATT	LECH
ARGENTIERE	MAYRHOFEN
ASPEN	MEIRINGEN
AVORIAZ	OBERGURGL
BRAND	SOLDEN
CERVINIA	SOLL
CHAMONIX	ST ANTON
DAVOS	ST JOHANN
ELLMAU	ST MORITZ
KITZBUHEL	WHISTLER
KLOSTERS	ZERMATT

World Seaports

```
I A N E V H U S M K X O J F S
A O N E G W D X I I B M J K U
P D N O U V C N U M J X Q T J
G P Z E B J G Y W A Z D L C L
K R R K G S A N D I E G O I W
U R C E T R I X K M E D V Y G
C I O O W O E L I T B E R M R
A L N Y N T K B N S R C U O U
L U P J W T N O V P U I X N B
A Y C V G E R A O V G N A T M
I R A K F R N O R R G E K R A
S S F W L D L A B Y E V A E H
N O T P M A H T U O S V S A R
O O C L Y M N Q D P C D O L Z
B E O S T E N D X D L P K D U
```

ANTWERP	LIVERPOOL
AUCKLAND	MIAMI
BERGEN	MONTREAL
BORDEAUX	NEW YORK
CALAIS	OSAKA
DOVER	OSTEND
DUBROVNIK	ROTTERDAM
GENOA	SAN DIEGO
HAMBURG	SOUTHAMPTON
KINGSTON	VENICE
LISBON	ZEEBRUGGE

Woody Words

```
K D V F M F L G Y T D W M T N
H L Z H W H I T E O A K P W U
L M E R B A U B O G C S M W T
G S Z A T N A W N Z L B Y F O
R R Z B T U P T P S T E A K V
U M U S Z I N A A L D E R X F
R A E T L B E L R K H C V P E
K H B U B I N G A A Y H R E P
C O T E U B P O N W D U B L W
O G A P L C D M A B I E N I P
L A K R S E D N I H C L C E Y
M N D I R K P R S V I X L B L
E Y R R E H C A G U N P L O P
H D P V N H T P S X A F J N W
I L E I O X F R J M K W E Y U
```

ALDER	MAPLE
ASH	MERBAU
BEECH	PARANA
BIRCH	PINE
BUBINGA	RED OAK
CEDAR	SAPELE
CHERRY	TEAK
CHESTNUT	TULIPWOOD
EBONY	WALNUT
HEMLOCK	WHITE OAK
MAHOGANY	WILLOW

ARM Words

```
L T M A F S D X L Y W V Q H A
O E L U F M R A R M C H A I R
E P X A A Q R U R S R H H X M
R A D Y R M O E T L N F Y V I
X O R A A M Q A D A M R A Q G
O E E M R D R N Q N Q O L T E
L L E A A W O E A U A I L I R
W N L C S G A I S R R B I P Q
T Z B I G S N R M T M X M M E
E N O D D E G A M R A F R R N
M P W M M A L Y C O T R A A A
R B G R E I M D E R U O M R A
A F A Z T R F R G H R R S E D
M T Z E A R D I A V E C E N D
F Z E X O T X Z E L O H M R A
```

ARMADA	ARMET
ARMADILLO	ARMFUL
ARMAGEDDON	ARMHOLE
ARMAGNAC	ARMIGER
ARMALITE	ARMILLA
ARMAMENT	ARMOURED
ARMATURE	ARMOURER
ARMBAND	ARMOURY
ARMCHAIR	ARMPIT
ARMED	ARMREST
ARMENIA	ARMY

Sailors of Note

```
U L T P A R R Y B V R U V H P
W M X M B J B C N M G N O F T
V O A Z N S E E O P B O C R E
F J R G E E L Q H U D S O N M
N G T R E H S I B O R F L T N
A W O D A L B D Z E U O U B F
N C B O W B L Q N A P G M T X
S O A K R Z D A E U A F B N T
E O C D R O M B N R M R U F D
N K P A X F A M R I N A S N T
X B V B S F G A N D O N L N C
M C L N F M F O L O S K M M K
G C Y I N W E O C I L L E J B
D V N S G N D R A K E I Z Q E
L T S R Q H Z K D J N N A N X
```

AMUNDSEN	FRANKLIN
BAFFIN	FROBISHER
BARROW	HOOD
BEAUFORT	HUDSON
BLIGH	JELLICOE
CABOT	MAGELLAN
COLUMBUS	NANSEN
COOK	NELSON
DRAKE	PARRY
FARRAGUT	SCORESBY
FOX	SINBAD

On Your Feet!

```
U  I  H  O  E  H  E  P  T  R  T  R  G  J  S
B  B  G  K  P  K  X  X  Q  R  F  L  O  G  S
E  N  H  A  L  S  N  E  A  K  E  R  S  S  I
S  S  P  O  L  F  P  I  L  F  Q  E  G  R  K
P  N  A  L  S  O  N  Q  V  B  W  O  N  E  S
A  O  S  A  Q  E  S  O  C  K  S  S  W  P  R
D  T  N  K  R  S  S  H  H  G  K  G  B  P  E
R  G  I  S  O  A  L  O  E  A  E  O  N  I  F
I  N  S  E  N  N  L  J  T  S  O  L  B  L  A
L  I  A  L  N  D  O  E  N  T  N  C  I  S  O
L  L  C  U  V  A  S  W  S  H  E  P  R  H  L
E  L  C  M  H  L  M  K  W  E  P  L  W  O  Y
S  E  O  H  S  S  I  N  N  E  T  V  I  Q  X
M  W  M  Q  A  M  L  S  R  E  D  A  W  T  R
K  E  C  P  U  M  P  S  M  E  I  N  M  A  S
```

BOOTS	SANDALS
CLOGS	SKATES
ESPADRILLES	SKIS
FLIP-FLOPS	SLIPPERS
FLIPPERS	SNEAKERS
GALOSHES	SOCKS
LOAFERS	STILETTOS
MOCCASINS	TENNIS SHOES
MULES	TRAINERS
PLIMSOLLS	WADERS
PUMPS	WELLINGTONS

Ballpark Words

```
N X C X L L W E V C G W S O A
O C D H I L V F R C L T A Q T
T M P F A O U E B T R I P L E
N J U O L N H G H I F E Z H K
W L S G T C G R K M B L E B S
J J L R T S O E R C V P A U D
T S A A A W T Y U M P I R E I
F P C N B U J R R P O U P A K
W I D D O E V H O M E R U N V
I T T S Q E S T U H E E L B B
O B Q L B Z L A E T S H T A J
G A J A F D S G B A Z C T L O
D L L M Q O H W N C M T A K V
D L E I F T U O K I E I W U T
S G N S F L I L P R S P X M V
```

BALK

BASEBALL

BATTER

CATCHER

CHANGE UP

CURVE BALL

FOUL

GLOVE

GRAND SLAM

HOME RUN

OUTFIELD

PITCHER

SHORTSTOP

SINGLE

SPIT BALL

STEAL

STRIKE

TEAM

THROW

TRIPLE

UMPIRE

WALK

Military Aircraft

```
N S H I S T R A T O J E T K Q
R C S U R V E X J D R A K E N
N I P E Q I S N B B C P X Z A
I M I H R N A M A L B S T Y C
G I T W D T K S L C R K L M L
F T F P R R R E R E I Y O O U
D A I G H E H O I O L R B S V
Y R R O P T D R F I C A R Q J
V Y E U H S R U G R W Y E U P
T P S J S A O H A X E G D I H
M O S U H C T T O R M P N T U
Z R T O R N A D O R A G U O J
J Z F Z I A K U T S N M H S Y
N B V N T L M I R A G E T T W
B H G N A T S U M J L W T V Z
```

CORSAIR	MUSTANG
DRAKEN	SCIMITAR
HARRIER	SKYRAY
HELLCAT	SPITFIRE
HORNET	STRATOJET
HURRICANE	STUKA
LANCASTER	SUPER SABRE
LIGHTNING	SUPERFORTRESS
MARAUDER	THUNDERBOLT
MIRAGE	TORNADO
MOSQUITO	VULCAN

D Words

```
T E D A P P L E D A J O P S N
D N G D E S T I N Y D G G D M
A I X A C R S J A A R G E N X
N I F Y T P O K S P O L T O P
C T W F O N U T Y M I B A M N
E V L S E S A R C N O D R A Y
R B E W B R Y V Q O A I E I I
E D V C D R E U D L D S N D W
T A B L E F E N M A J J E E G
S F Y D P N S A T Y S O G A N
U F D E T G T O T G Z I E R I
D O E E S I U G S I D N D E N
D D E S A E R C E D D T Y S R
G I Y N A D E F E N D E R T A
S L X L W C D S M U R D L O D
```

DAFFODIL	DESTINY
DALMATIAN	DIAMONDS
DANCER	DIFFERENT
DAPPLED	DISADVANTAGE
DARNING	DISGUISE
DASTARDLY	DISJOINTED
DEAREST	DISPOSED
DECREASED	DOCTOR
DEFENDER	DODDERY
DEGENERATE	DOLDRUMS
DELINQUENT	DUSTER

European Capitals

```
O R Z Y T Y O W Y U S O P W E
C T M H S H L Z A G R E B D S
M O S A E T S K P R A G U E R
F Y V E C L O V E N S B O O O
B D P E P N S C F C L A K C M
R E Y K J A V I K I Y T W A E
A K L G N A D J N H R E D N D
T H I G V I R U Y K O R O O C
I D S C R P K A B I I L X M I
S N B Z M A I T S D N E M G Q
L J O A H S D H S M T Q L G M
A J N D O A B E R L I N N H A
V T H C N A N N E I V S M V O
A Z I A Z O D S I R A P L C O
D N N R O L L J G Y G Z Y F C
```

ATHENS	NICOSIA
BELGRADE	OSLO
BERLIN	PARIS
BRATISLAVA	PRAGUE
BUDAPEST	REYKJAVIK
DUBLIN	ROME
HELSINKI	SARAJEVO
LISBON	STOCKHOLM
LONDON	VIENNA
MADRID	WARSAW
MONACO	ZAGREB

Sea Critters

```
U  M  H  S  I  F  E  L  T  T  U  C  A  D  Q
M  U  S  S  E  L  P  Z  U  A  Z  P  D  B  E
A  S  Q  S  T  A  R  F  I  S  H  V  O  S  R
L  R  U  S  K  B  A  R  C  R  L  E  P  Q  K
C  O  I  U  E  L  C  N  F  L  D  R  O  Z  V
Z  Z  D  P  C  A  E  G  E  E  J  E  L  F  V
F  U  S  O  N  G  H  H  D  M  E  L  A  J  I
V  S  E  T  J  M  S  O  W  K  O  K  H  S  I
J  E  A  C  C  R  I  E  R  Q  T  N  P  U  X
S  A  S  O  O  E  F  R  A  S  Z  I  E  L  J
A  H  N  Z  C  T  L  Z  E  L  E  W  C  I  I
G  A  A  U  K  S  L  I  M  P  E  T  Q  T  X
A  R  I  Q  L  Y  E  W  H  Z  D  M  P  U  Y
L  E  L  H  E  O  H  B  C  D  E  N  O  A  R
E  D  Z  N  A  C  S  C  A  L  L  O  P  N  G
```

CEPHALOPOD	SCALLOP
CLAM	SEA ANEMONE
COCKLE	SEA HARE
CRAB	SEAHORSE
CUTTLEFISH	SEA LEMON
LIMPET	SEA SNAIL
MUSSEL	SHELLFISH
NAUTILUS	SQUID
OCTOPUS	STARFISH
OYSTER	WHELK
RAZORSHELL	WINKLE

Moon Craters

```
N P M N D Y J J D P F V L Q P
E A H H O S W N G S X L U C G
S S S W I B K L M A R C O N I
D C G L O Q E Q P X G F F W D
N A H U M B O L D T U A A A R
U L P I E C L A V I U S R S E
M N U D A Z O E R F O W A I N
A N E Y X P L P B O I Z D S N
P V I F O O A O E N H P A P E
P E E R G C R L R E C Y V J
I G F O T O O S E L N I Y Z C
R A K Y K S V O K L O I S T U
G V O O K C N A L P L P C P Q
A U Q M K K E I E J P I A U T
U K L E H C S R E H W D C S S
```

AGRIPPA

AMUNDSEN

APOLLO

CLAVIUS

COPERNICUS

DARWIN

EINSTEIN

FARADAY

GAGARIN

HERSCHEL

HUMBOLDT

JENNER

KOROLEV

LEBEDEV

MARCONI

NOBEL

PASCAL

PLANCK

SCHIAPARELLI

TSIOLKOVSKY

TYCHO

VEGA

House Pets

```
S D Z G L Q C D S T G V V E U
B R B O J P G E H I N F U S G
T B B A Y L Z O T F Y P P U P
H K U T L B P F O W T C I O G
Z H H D E I T M R S M N C M Q
I O Z U G R N Y R O E E N Y G
N R E C U E R B A A G S O V D
K S E K T K R E P X J I I O Z
Y E L T L H S I F D L O G A K
G N I T J A G S G A T T E P Z
H K Z J C M V F T A C R R U X
N A A R D S C M R U R O B U J
Z P R V C T I B B A R T I N U
H Y D U M E X M G K K I L G R
K M D N S R U Q K B L Q B Z C
```

BUDGERIGAR	HAMSTER
CAT	HORSE
DOG	KITTEN
DUCK	LIZARD
FERRET	MOUSE
FROG	PARROT
GERBIL	PUPPY
GOAT	PYTHON
GOLDFISH	RABBIT
GOOSE	RAT
GUINEA PIG	TORTOISE

Red

```
U U E B O O Y C J W H V Q L V
L Z Y Y D D L O B S T E R T D
M H S B D N O C H E R R Y E Q
P M O U N G Y O N R H M N L T
F V R R N V M A L A L I O R J
C A I O N E T E Z B R L O A E
E X C L A N I D R A C I R C L
C I A C E E N R Z N A O A S G
S I B G R T E I L N R N M C S
P R A Q U I L S Q I M A A A Y
E M E R W A M U I C I B T A Y
Y S K K P N J S A R N R L Z P
L E M E J C H R O M E I Q X C
Y W N L I N D I A N T C Z B I
L K H Y E H W F W U C K P D U
```

ALIZARINE	INDIAN
BLOOD	LOBSTER
BRICK	MAGENTA
CARDINAL	MAROON
CARMINE	ROSY
CERISE	RUBY
CHERRY	RUDDY
CHROME	SCARLET
CINNABAR	TURKEY
CONGO	VENETIAN
CRIMSON	VERMILION

Volcanoes

```
A S O I C A R G F V K W A M C
J V G N E R E B U S E M O T T
B I N I T A B A S N I U E R K
A R O B M A T I J J N J E V I
I L G P O P O C A T E P E T L
F E A L K E H R S F O S B O I
X Y R S L O U T F G U U U E M
E E I X S K H E N V I A R M A
A S Y Y A E R A I X T D A F N
Y T N S L S N U A A L U T I J
D R E E O E S P K Z N K U S A
Z U N N T L O A E A I O R H R
M S K A F T R X L A V N E E O
L Q C U O K L O F I K O B R F
E A H C M P A R I C U T I N H
```

ACATENANGO

BERUTARUBE

COTOPAXI

DUKONO

EREBUS

FISHER

GRACIOSA

HEKLA

JEFFERSON

KILIMANJARO

KRAKATAU

LASSEN PEAK

MAUNA LOA

MOUNT ST HELENS

NYIRAGONGO

PARICUTIN

POPOCATEPETL

SABATINI

SAKURAJIMA

SURTSEY

TAMBORA

VESUVIUS

Tropical Fish

```
O K R I B E N S I S V Q V Y B
W I M A R U O G U P P Y D G R
C N N F L Y I N G F O X M S A
O S C A R L P G S G H N A H B
S O T Y D L O U Q S M R F L R
X N S J E N C D I P T A A S E
G K W C H S I F R E H C R A G
O E O E I T L U T E K L R D I
S I R D K E U N Q M V O B K T
B U D R G G O O O E B L F F F
N G T N R E D L M S L V I O I
B Z A X N D L I A E D R V S M
V T I M E Y B R E T R W A G D
I I L J J P Q C A T F I S H S
U L S F U Y T A L P U F F E R
```

ANGELFISH

ARCHER FISH

BLACK MOLLY

CATFISH

DANIO

DISCUS

FIREMOUTH

FLYING FOX

GOURAMI

GUPPY

HARLEQUIN

KRIBENSIS

NEON TETRA

OSCAR

PLATY

PLECO

PUFFER

RAM

RASBORA

SILVER DOLLAR

SWORDTAIL

TIGER BARB

Pass the Pasta!

```
H K Q D P P Y G M M F S B J C
O V E U I X V R E D L A F A M
I E E L L H M B Q M I Q L E E
H N H I L L C X A K E H L N C
C K O B U A L M Z V U L I K I
R U B C S U F I T A E U L N N
O S Q H A J S R I N G T I I J
T I K Y R M E P A N B T T Z Q
T R H I J N U P I F O O M E G
E O G C N C M L V R Z Y J I R
L T U E C A N G I M A R G U I
L E K L C O N C H I G L I E H
E L A S A G N A F O I K I B V
I L O F F U T G H G U C S N W
W E N N E P C Y F U S I L L I
```

BAVETTE	LUMACONI
CAMPANELLE	MAFALDE
CONCHIGLIE	PENNE
FARFALLE	PILLUS
FUSILLI	ROTELLE
GEMELLI	ROTINI
GIGLI	SPIRALINI
GNOCCHI	TELLE
GRAMIGNA	TORCHIO
LASAGNA	TRENNE
LINGUINE	TUFFOLI

SUNny Words

```
L K Y T W G Y Q T Y T B I I D
V X Y A D N U S U N N I E S T
N E K N U S R Y S U N B U R N
A E S S C U U D Z A B K D Y E
N D E U B N A N E B L E P N E
L A S N W S N T V K K M I G R
S H U L Z T W N G I A H X E C
P S N I H R O A I E S B W Z S
A N S G K O D H B N U O N S N
S U P H R K N N U V L P R U U
U S O T X E U S O F N V Y I S
N K T Q M S S U N T A N N E D
S F K C E D N U S U N D O G S
E S I R N U S U N B L I N D W
T K I K B Q I Y S E V E M R L
```

SUN DECK	SUNKEN
SUN VISOR	SUNLIGHT
SUNBAKED	SUNNIEST
SUNBEAM	SUNRISE
SUNBLIND	SUNSCREEN
SUNBURN	SUNSET
SUNBURST	SUNSHADE
SUNDAY	SUNSHINE
SUNDOG	SUNSPOT
SUNDOWN	SUNSTROKE
SUNFLOWER	SUNTANNED

Phonetic Alphabet

```
G N M W Q T H O E Q O P U X F
G T H Y O H A C T U R Y N Q O
N T E G A S X R G D M T K Q H
P Q N F C I C C O K N H G O C
Y A G E G J I A Y M D U T I E
T S P O S N Z N R Z E E V R J
A M L A H L O J D O L O F E W
B F A Y N X E V Y I T U L U Z
E R O I Q J H E E O A C S I H
E R A X I E U I K M O R I U K
I A A V T F L L S N B J E V Z
U N I F O R M N I A A E R D Y
A H P L A R O Q H E Z Y R M C
K K Y H J C Q T W J T O A D X
O B C B U W X I F V A I O Q N
```

ALPHA	NOVEMBER
BRAVO	OSCAR
CHARLIE	PAPA
DELTA	ROMEO
ECHO	SIERRA
FOXTROT	TANGO
GOLF	UNIFORM
HOTEL	VICTOR
INDIA	WHISKEY
JULIET	YANKEE
KILO	ZULU

Tour of Spain

```
R R B A I R O T I V E W L P N
L Q O O M Z I G V Y O W A A D
E I O V I E D O A B L I B I S
H W X D X T A S X I C Q C V X
G G A U E N R L E R T A H O O
J C O W F A A I U E S N S G J
D A H K J C N M P T N E A E P
I X W O R I J O I D V E I S T
R F A O C L U L L I Y R R Z X
D B J D F A E T L E H Q U Y C
A A A G A E Z L O O C C T E P
M R H E U N E D G L T R S A U
X M A L A G A I C N E L A V I
K Q A U E W V R C O R D O B A
S S B H K N V W G D K E O S N
```

ALICANTE	MALAGA
ARANJUEZ	MURCIA
ASTURIAS	OVIEDO
BARCELONA	PYRENEES
BILBAO	SANTIAGO
CADIZ	SEGOVIA
CASTILE	SEVILLE
CORDOBA	TOLEDO
GRANADA	VALENCIA
MADRID	VIGO
MAJORCA	VITORIA

Getting Around

```
C E G U C L B S S F B K S N M
Z X N E U C R I B E H L I E W
O E O R T F A R C R I A V A V
D H O S T Z I T Y Y R E I E I
Z C L E E R L E A T C R W R T
E B L N R E W S T M S L Z O R
Y T A I E I A F U H A H E P A
K O B S O L Y S I B C R M L I
Y B R U M F M P L Y R A A A L
M O T O R B O A T H A O Y N E
H G A M G G F R E I G H T E R
I G E I R P M O D F F I W O I
G A J L D I N G H Y R N E V M
K N N C X A Z D F Y H F D L S
F G Z R C E F O R H P O O L S
```

AEROPLANE	HYDROFOIL
AIRCRAFT	LIMOUSINE
AIRSHIP	MOTORBOAT
BALLOON	MOTORBUS
BICYCLE	RAILWAY
CANOE	SLEIGH
CATAMARAN	SLOOP
CUTTER	TOBOGGAN
DINGHY	TRAILER
FREIGHTER	TRAIN
HORSE	YACHT

New York

```
T T O N G A U I N C H F L T D
B R O O K L Y N D O U L L I N
Y M A N H A T T A N A I W M A
K B O P M E L R A H N A F E L
R R A T U B V D E C L I B S S
A O Y T S N C I O L F Q R S I
P A K Y T T G L S T M U O Q N
T D S E V E N T H A V E N U E
C W N E N C R A C G V E X A T
E A F R E E V Y R Q H N U R A
P Y A N E E S N P G Y S S E T
S C T T N N W O T A N I H C S
O E E U H U D S O N R I V E R
R C E N T R A L P A R K N Q Q
P A R K A V E N U E W H A C U
```

BATTERY PARK

BROADWAY

BRONX

BROOKLYN

CARNEGIE HALL

CENTRAL PARK

CHINATOWN

FIFTH AVENUE

GRANT'S TOMB

HARLEM

HUDSON RIVER

LINCOLN CENTER

MACY'S

MANHATTAN

PARK AVENUE

PROSPECT PARK

QUEENS

SEVENTH AVENUE

STATEN ISLAND

TIMES SQUARE

UN HQ

WALL STREET

S Words

```
V S E M K E F V Y E S X E Z S
S K V F O Y S A I E F C T B E
O E A D L R W E I L N T U T S
S A L F E A E Z N E T F R H S
A A D F W T I R L I T G S E E
T N G O L N T I B M L I N C N
U W T A G E S E T M F E S I T
R S S N C M S Y U D O H D F F
D T T T R I H S R O O S S I O
A R E O H D T O N P H I A R S
Y U T F K E W Y P E R L N C E
N T S U N S H I N E S R I A A
V T O P L E N I T N E S T S N
X E N O H G R S T O R M Y Q C
X D N N T W B A Z R W S L A E
```

SACRIFICE	SIDELINES
SAGACITY	SILENCE
SANITY	SILHOUETTED
SATURDAY	SOFTNESS
SEANCE	SOMBRERO
SEDIMENTARY	STETSON
SEIZING	STORMY
SELFLESSNESS	STOWAWAY
SENTINEL	STRUTTED
SHIRT	SUNSHINE
SHOPPING	SWORDFISH

Anatomy

```
M H F A M Y B W E L C S U M M
D I T Y T I G N I A R B R Z R
H N M R A M R V E R T E B R A
G T A K C P G H U Y A V F D E
I E E L H B E A I N Q L C P R
H S R F G U T L R X F A D S O
T T T E X L M M V H P V H I F
F I S E D C A V F I P C U M F
W N D E Q L W N L Z S A B R N
N E O N I I U L E Z H I I E B
Q I O K P R A O W R B D C D L
Y G L K U R E I H A D R E I M
K T B M Y R W T P S R A P P F
P Q E J S U Q E R Q O C S E W
U F W I P S T O M A C H V E N
```

ADRENAL GLAND	GUT
ARTERIES	HEART
BICEPS	INTESTINE
BLOODSTREAM	KNEE
BRAIN	LARYNX
CAPILLARY	MUSCLE
CARDIAC VALVE	PELVIS
DIAPHRAGM	SHOULDER
EPIDERMIS	STOMACH
FEMUR	THIGH
FOREARM	VERTEBRA

US State Capitals

```
N L W I O J L T Q J O O H E K
C O R H U A I P M Y L O G N C
Y H T N N B N Q P T B I I O Q
J Q E S I L O P A N N A E S N
G A I Y O M G X H D J U L I N
U N A C E B N K I V E Q A D O
G S N I Q N N A U N Q N R A D
R I C H M O N D S Q E O V M K
L N S P S A C E A H F O A E Q
M G X K P J F U N T V N H G R
D Z C O X A G J R G S I D P A
T A L Z T U M A I B M U L O C
J I M N S J H H O N O L U L U
S V A T N A L T A H A F W U E
F S A N O T N E R T G P C J L
```

ANNAPOLIS	JUNEAU
ATLANTA	LANSING
AUGUSTA	LINCOLN
BOSTON	MADISON
CHEYENNE	NASHVILLE
COLUMBIA	OLYMPIA
DENVER	PHOENIX
HARTFORD	RALEIGH
HONOLULU	RICHMOND
INDIANAPOLIS	SANTA FE
JACKSON	TRENTON

Animals

```
F X G G D P V T R L F V M S D
G Z K H U O B I R A C X N U Z
W E S N I T O R S L E O Z M S
X W J O U A H R N O O C C A R
L M I P N K F R A B B I T T P
A M A L L R S J A G B M C O M
M W T X D E T B I V N P L P P
E X A N T E L O P E A A Z O B
W V B Q D M B J E A R L K P C
V D M X O T T E R B B A V P J
F O O T N A H P E L E K A I J
V E W H K I O A H S Z C J H Q
B T I G E R R I P G T A N H O
A M V E Y I S V O I D J I V I
G Z C E G J E H G W L W B Z U
```

ANTELOPE	LLAMA
BABOON	MEERKAT
CARIBOU	OTTER
DONKEY	POLAR BEAR
ELEPHANT	RABBIT
GOPHER	RACCOON
HIPPOPOTAMUS	SKUNK
HORSE	TIGER
IMPALA	WILDEBEEST
JACKAL	WOMBAT
KANGAROO	ZEBRA

Cold Words

```
N A D T A E W S Q T P W X I K
J C E D Y E K R U T A T V P M
K E A E A I Y E A T D C S A G
F Q O T C H I S E L L P Q M E
U V H R H A B R M Q V E Z R O
J E K A S O N C M A N K Z M T
R I N E T T D V J F W F C Y S
C A S H O E I E A I C R E A M
Z X R E D L U O H S E I W L H
V T R O F M O C N H S G F S D
Z W O B E B C C O S A I J I I
D L S Y T M K A I L I D N I L
B L H Y P O A A S T O R A G E
V P Q V I U P R U E R O S G G
S A Q T W F Z Q F S J G F I T
```

BLOODED	FRIGID
CANVASSING	FUSION
CASE	GELID
CASH	HEARTED
CATHODE	SHOULDER
CHISEL	SORE
COMFORT	STORAGE
CREAM	SWEAT
FEET	TURKEY
FISH	WATER
FRAME	WEATHER

Hallowe'en

```
Y T S E R I F N O B P J F X B
T S U L I D C W I Z A R D R Y
D A P H A L L O W E E N Y V J
L D E O F T R H S I L U O H G
L W R R O H N X D T G P L T N
A T N A T K P E Q L U L N A I
C H A O Y R Y T M M R M S L T
I A T C I E O A P E N Q E I N
T O U K K T V K E F L C H S U
S S R L K C I A C Z L E C M A
Y J A K D N A R R I X Y T A H
M E L E L R C L A G R L I N M
Q O V A O W O B B P L T W N X
Z I M S A T A N I C P D T Y G
L P H V W I T C H C R A F T B
```

APPARITION	HAUNTING
BLACK CAT	MYSTICAL
BONFIRES	PUMPKIN LAMP
CAULDRON	SATANIC
COSTUMES	SPOOKY
DEVIL	SUPERNATURAL
ELEMENTALS	TALISMAN
FLYING	TRICK OR TREAT
GHOULISH	WITCHCRAFT
GRAVEYARD	WITCHES
HALLOWE'EN	WIZARDRY

OLD...

```
V O L D M A I D O L D F A C E
L Y U V A T N L L O O Y O E I
O O E J H A D D D L L P L I H
F B L L H B W L E D D Z D T M
I V G D I I J Q S B T R S L L
M P L R F A A H T E I D O O J
G O D R A E B S N A M D L O E
Q N J B Z L L D E N E D D H G
P A R N D I L L L Z C F I C A
A M A U V L Y N O O Y F E S D
H O E O I T O O U W Z D R D L
C W D B S J B N E F I W D L O
D D D D P X T X S R S S I O S
L L L D L R O W D L O L D E R
O O O S Y Z Z E T F Z K N Q P
```

OLD AGE	OLD FELLOW
OLD BAILEY	OLD HAND
OLD BEAN	OLD MAID
OLD BILL	OLD MAN'S BEARD
OLD BIRD	OLD SCHOOL TIE
OLD CHAP	OLD SOLDIER
OLD COUNTRY	OLD STYLE
OLD DEAR	OLD TIME
OLDER	OLD WIFE
OLDEST	OLD WOMAN
OLD FACE	OLD WORLD

...and NEW

```
R N W W P L K A Y Q J N D E N
N S R H E V A W W E N E T T E
M Y Z O T C J E D M L W N A W
O N E W B L O O D G N F N G M
O V E S G W I Y N W N O E W O
R N L N R P E A Q N E U W E D
B E Y R E E F N E A W N C N E
W W T J D W J W C Z E D A N L
E M S T E E S W W Q L L S E B
N A W N E M V S E B G A T W V
W R E W A L B S H N J N L L I
L K N N C Z S G E E G D E O O
F E O Q Q N E W S V E N D O R
O T R O P W E N E L O T F K Y
R R S S E N W E N N J R P H U
```

NEW BLOOD	NEW LOOK
NEWBORN	NEWMARKET
NEW BROOM	NEW MODEL
NEWCASTLE	NEWNESS
NEW DEAL	NEWPORT
NEWEL	NEWSLETTER
NEW ENGLAND	NEWSMAN
NEWFANGLED	NEWS SHEET
NEWFOUNDLAND	NEW STYLE
NEWGATE	NEWS VENDOR
NEW JERSEY	NEW WAVE

Pirates!

```
L G M I U B U C C A N E E R W
U P M D O U B L O O N S D K B
A A L O I N A P S I H B I D T
H C T A P E Y E A G F Y S I D
L A R J N T U M T A R S D B I
E P A O A K H U E L D R A E C
E T W O W S S R L L A I O P A
K A P D I S U F N E E A R O R
C I K N A S N O B O H S B C H
M N A L A A N E B N E R I S X
L P T E E N U L S J R O F E H
S U R C A L L T L T U C L L Y
C T O C B U H T I Z G I J E Z
H P I E C E S O F E I G H T F
P A R R O T Q B K T F L N Z R
```

BLUEBEARD	FIGUREHEAD
BOTTLE OF RUM	GALLEON
BROADSIDE	HISPANIOLA
BUCCANEER	KEELHAUL
CANNON	OCEAN
CAPTAIN	PARROT
CORSAIRS	PIECES OF EIGHT
CROW'S-NEST	PLANK
CUTLASS	SPANISH MAIN
DOUBLOONS	TELESCOPE
EYEPATCH	TREASURE

H Words

```
K D L H M T E G D K U Q C M I
X B A W A G S W I H P Y S O M
F M H H E M L I N E F E H H X
L R B L H H S G N I G G U H L
E E C O H A W T H O R N H O H
S X U E Y G A M E A D R S N H
R S K V N G H X J R S E L E Y
E A E I I L A A U S L I H S D
H Q W L J E R E L K I L I T K
Y E E A P E C X C C U E T V P
H A I I K A H A T N Y T T Z E
D E D N U O H Y E N A O I F R
M U A Y A D D R A Z A H N H R
E H T X E G J O Y M T H G B K
T T I B A H J F W O U I C K Y
```

HABIT	HEMLINE
HACKLES	HERSELF
HAGGLE	HEWING
HAKE	HEYDAY
HALCYON	HITTING
HAMSTER	HOAX
HANKER	HONEST
HAPLESS	HOTELIER
HAWTHORN	HOUNDED
HAZARD	HUGGING
HEDONIST	HYENA

The Simpsons

```
C B N E D F L A N D E R S W A
W H P R B U Y N N E L H N V H
J U T N A M K C O R B T N E K
Q E M F H U D K H O M E R U A
W J A Y A A J E J R U A L C L
C K R U S T Y S V R G G H M S
D X T J M N T U H Y Y I E R Y
K M I B O B W O H S E D I S Z
Q B N S T S C H N F N M G B S
A E L Z R R U L W Y R C G O E
P E G R A M K I E B A P A U O
N Y O L B P G M U T B S M V M
I H P A I G B R Y D U H M I Q
W H G E U T N D S L I S A E C
Z P P M G S E Y M O U R G R E
```

BARNEY GUMBLE

BART

CHIEF WIGGUM

CLETUS

FAT TONY

HOMER

KENT BROCKMAN

KRUSTY

LENNY

LISA

MAGGIE

MARGE

MARTIN

MILHOUSE

MOE SZYSLAK

MR BURNS

MRS BOUVIER

NED FLANDERS

NELSON

RALPH

SEYMOUR

SIDESHOW BOB

US Universities

```
E B V X B P O U P N O W V C R
B A N H Q E P U W N A L H D C
Y E L L I V N O S K C A J O M
J L O E H G T E E T P W L O N
R P O G X E H F D M F U X W I
C M C A G A O P A I M U J H Q
X E D R K R N N O B C P T T E
U T O R E L R D I I I T U R L
K E M S A A A A R C N Y I O A
G N T K S V D N K I B T W N Y
T H T L I B R E D N A V A U E
D R O F D A R A L G W I L S P
I A X A V I E R H P D Q S M S
U R B A N A T M D N H O H Y A
F L O G J N C U I J C I B Z K
```

ADELPHI	OAKLAND
ALEXANDRIA	PICKERING
BENEDICTINE	RADFORD
CHAPMAN	TEMPLE
COLUMBIA	TUFTS
GEORGETOWN	URBANA
HARVARD	VANDERBILT
HIGH POINT	WAKE FOREST
INDIANA	WALSH
JACKSONVILLE	XAVIER
NORTHWOOD	YALE

Creepy Crawlies

```
F O O E L H C Y L F N E E R G
G F G H S I F R E V L I S B Y
X E I F C L V L A T A A E L F
V Y L F D A G E T N S X F O Q
B K E T D R O O E T E T J W L
J E Y S E F B R A W O F Y F L
I D H D K E Q G K B A T L L Y
X E I M U Q B G T C D Y F Y U
P P M L O E Y G L S O V R P J
S I B J E S W L N D U C E G A
T T M T W K Q R V U W C V U K
P N L H G P F U X N D S O B I
H E D E P I L L I M Q T H L Z
S C A R A B K C I T N A D E R
P Z G J T N O I P R O C S S Q
```

BLOWFLY	LOCUST
BLUEBOTTLE	MILLIPEDE
BOTFLY	MOSQUITO
CENTIPEDE	RED ANT
COCKROACH	SCARAB
CRANEFLY	SCORPION
DUNG BEETLE	SILVERFISH
FLEA	SPIDER
GADFLY	STAG BEETLE
GREENFLY	TICK
HOVERFLY	WEEVIL

Greek Islands Tour

```
P J X S O N M E L J I K Y U S
N T X S O H T N I K A Z Y U H
M A B Y K R A B R G N R E Q B
T N X S U K D N D Q O K K P C
Y S U O Y S S N I B G E C I Z
X O F N S J O L A G F F A F R
A S R I E O N R E G E F Q E P
B A O T D U H E D S E A F A F
H K C I O D T T A N B L R J M
G Z R Q H E Y B A L A O O B I
T P Z K R C K L Z P S N S F M
M R G C Y S A N T O R I N I X
I K U M I L O S O S S A H T K
G S W A S O M A S O R Y K S U
K N O I W K K L M A L D V T C
```

AEGINA	LESBOS
ANDROS	MILOS
CHIOS	NAXOS
CORFU	PAROS
CRETE	RHODES
FOLEGANDROS	SAMOS
KARPATHOS	SANTORINI
KASOS	SKYROS
KEFFALONIA	THASSOS
KYTHNOS	TINOS
LEMNOS	ZAKINTHOS

Stop That Noise!

```
V C M J R C F U P F F R O K F
J R A Y S L R G W E Q U C D K
D H E A Q C W U G P P A G I G
V L L V U H D G N Q R C D T T
P E T I E I T N I C H U K K S
Q C S L L R Y I M I H B U X U
L H I B C R B T M T E L N A Z
Z A H H H U S E U G F N P Z G
W I W P C P C P R I N G I N G
B E V Z T E R M D A R F A H H
T Y T T I V E U Y C T B K I W
Y Y Q L W P A R M L W I C H S
V B O L Z E M T C H L W O H O
Z K W U L A E U Q S E A N N T
U L F W C J R T L P P V K B H
```

BANG	SCREAM
CHIME	SCREECH
CHIRRUP	SQUEAL
CRACK	SQUELCH
CRUNCH	THUD
DRUMMING	TRUMPETING
FIZZ	TWEET
HOWL	WAIL
KNOCK	WHINE
REVERBERATION	WHISTLE
RINGING	YELP

Rocks

```
P M E S N R A P S D L E F F J
W G T W W F J B K N T U F F M
J B A J T F X S S I E N G R L
W A L Q L R C Q M S O Y R S M
W G S I G H D O W U B E E A X
A A N P I O L I M E S T O N E
Y T T S E O G T T H I I L D T
Z E T R D R E E A C D H F S I
N Y M L A F R L A W I C T T Z
I I J N P C E R B E A A K O T
J X I Q L U H M F R N L J N R
H T F A C T O Y Z X A A Y E A
E P C U N P X G T H W M A V U
T T L A S A B N C E J W U E Q
T S X Y Q N O J T M K E Q U F
```

AGATE	LIMESTONE
ANTHRACITE	MALACHITE
BASALT	MARBLE
CALCRETE	OBSIDIAN
CHALK	QUARTZITE
DOLOMITE	SANDSTONE
FELDSPAR	SCHIST
FLINT	SHALE
GNEISS	SLATE
GRANITE	TRACHYTE
JASPER	TUFF

Airport Names

```
J G V P H S H E X U G C H W I
W O R H T A E H K R T P A G D
S C H I P H O L N C R S N S X
Y T D N C W F A L I M A E H M
F R K A F I V B N U H J D E A
P Q N R E K A C X C D A A R I
J P U O R T E M T I O R T E D
M R U E I G A N P T B A E M R
I R B R E R I N N I H B Y E A
R A U O T N U L I E N P B T U
A L R U E S A G Q L D O Y Y G
B G B W Y Q A L N G O Y R E A
E G A T W I C K I E P G V V L
L R N A R L A N D A B N A O C
K D K M D E R W X J X Q K N O
```

ARLANDA	JOHN F KENNEDY
BARAJAS	KASTRUP
BEN GURION	LA GUARDIA
BURBANK	LINATE
CHANGI	LOGAN
CIAMPINO	MIRABEL
DETROIT METRO	NEWARK
DULLES	PRINCE GEORGE
GATWICK	QUEEN ALIA
HANEDA	SCHIPHOL
HEATHROW	SHEREMETYEVO

Cartoon Folk

```
E J A Y U S U U B X Z P S H T
F E A W D K C U D Y F F A D S
D R A E B I G O Y V W E P P Y
R R J X I S M W D W N L W I L
O Y D U B P O R K Y P I G N V
O W S U P R Y N D G L X E O E
P I N K P A N T H E R J L C S
Y N E S U O M Y E K C I M C T
Y U I I O O A C F E V C E H E
E K U B W O O C X E W C R I R
L H O G R Y X P O Y J T F O X
A O L B O K F Y R E P M U H T
B I O T M S L O K P O B D L G
P R E N N U R D A O R F D O V
N J O O X O D H Y P O O N S H
```

BOO BOO	PINK PANTHER
BUGS BUNNY	PINOCCHIO
DAFFY DUCK	POPEYE
DROOPY	PORKY PIG
DUMBO	ROADRUNNER
ELMER FUDD	SNOOPY
FELIX	SYLVESTER
JERRY	THUMPER
MICKEY MOUSE	TWEETY PIE
MOWGLI	WILE E COYOTE
OLIVE OYL	YOGI BEAR

Green Things

```
T H W L Q G E F D H W B S T X
J U R V V U X O C L Y O G D E
G Z O B N F B A G C A J Q P Q
J U G R E E N G A G E R P C Y
N I E L P I L B G A F E E O P
B E P D P S B T L H R W D M L
E P N S E A S O T I U O A M E
A S Q V G H U L D O T L J J T
N A A E Y S R O E G B F H F T
S E F X Y Z T J E S D I T O U
L P S R E N H A O S S L I T C
D J L P I V E I M E S U S Z E
L S S M S W I S S C H A R D P
J R A L U I M L T C G C R B F
T W N L W Q A S O E H S Z G X
```

APPLE	JEALOUSY
BEANS	LEAVES
BOTTLE	LETTUCE
BRUSSELS SPROUT	MINT
CABBAGE	OLIVE
CAULIFLOWER	PEAS
EMERALD	PERIDOT
ENVY	SAGE
GRASS	SPINACH
GREENGAGE	SWISS CHARD
JADE	TURF

Olympic Sports

```
G N I M M I W S W D V U E A A
N A I R T S E U Q E L K W B G
I C J T D E C A T H L O N X X
T G A K K P N I L E V A J N J
F N R N N O L H T A T P E H Q
I I O S O L P W P S L P Z O Q
L V W H R E M M A H A E G C P
T I I O T V I G O T E N R K M
H D N T X A R N H N I T M E U
G S G P N U R L G L P A M Y J
I N T U E L E A T V T T E P G
E L I T W T L S M S Y H O Z N
W F R X I Z E W H T U L V I O
E F G C O R G N I T O O H S L
X N S H W B S A I L I N G T D
```

ATHLETICS

BOXING

CANOEING

DECATHLON

DIVING

EQUESTRIAN

GYMNASTICS

HAMMER

HEPTATHLON

HOCKEY

JAVELIN

LONG JUMP

MARATHON

PENTATHLON

POLE VAULT

ROWING

SAILING

SHOOTING

SHOT PUT

SWIMMING

WEIGHTLIFTING

WRESTLING

Saints Above

```
A T A X Q M A W H R Q A E J O
G T N E C N I V G R D F Y O N
I A E P N N M W E W B N C H N
D Y D J I I M T J T O H O N R
I F J F C Q E A C H R N G A Z
V S R H H P A I T I K U K Z U
A E A E O N G N S T D Z G A Y
D E F N L N A T D A H E Q I G
L T B I A Q O I S R O E N R I
F O N T S P B H T R E M W E N
J A I N H M S P G S B W W L B
F U I E N I R E H T A C P Y P
S M R L N K X S H H U B E R T
S P L A S A M O H T C F E O V
R E I V A X V J G M B C F S E
```

ANDREW	MATTHEW
ANTHONY	MICHAEL
BENEDICT	NAZAIRE
CATHERINE	NICHOLAS
CHRISTOPHER	PETER
DAVID	SEBASTIAN
GEORGE	THOMAS
HUBERT	VALENTINE
IGNATIUS	VINCENT
JOHN	WINIFRED
JOSEPH	XAVIER

STARTing Out

```
F E L T D E L T R A T S J O S
R I T K L O G S A Y H Y M I A
E S T A R T I N G B L O C K N
S T T S D T R A T S P U J I A
H A R A A G R N U C E I N C F
S R A E R N N A R L G O T K F
T T T S M T D I T U N G L S O
A I S U T V I S T S T B M T T
R N P P L A I N T R D R T A R
T G M R O H R A G A A A A R A
U P U O T P R T F L R T E T T
P O J R E T V Y E Z I T S H S
E S A N E W S T A R T N S N D
S T A R T I N G T I M E E E E
S T A R T O U T R A T S E R R
```

ASTARTE

FITS AND STARTS

FRESH START

HEAD START

JUMP START

KICK START

NEW START

NON-STARTER

REDSTART

RESTART

STAR THISTLE

STARTING BLOCK

STARTING DATE

STARTING LINE

STARTING POST

STARTING TIME

STARTLED

STAR TURN

START OFF

START OUT

START UP

UPSTART

Ice Cream Flavors

```
A N S Y Y R R E B P S A R M Q
L P O C A R A M E L W A A U X
L C R N Q C R S L I F N F G K
I R Z I I U R E L S G O F E M
N A I U C C M D B O R A I L B
A N H C T O C S R E T T U B H
V B X T N H T U S E U P W B C
E E E L E U F T P U Z L Q U A
E R P R N U F F J P H O B B E
F R R O D R E L P P A E N I P
F Y C G U D E T A L O C O H C
O O E I T T U R F I T T U T Q
C S T R A W B E R R Y E K P W
K S F D V B I L B E R R Y S K
X O M P J D Z Y G C C I P D K
```

APRICOT	FOREST FRUITS
BILBERRY	FUDGE
BLUEBERRY	LEMON
BUBBLEGUM	MANGO
BUTTERSCOTCH	PEACH
CAPPUCCINO	PINEAPPLE
CARAMEL	RASPBERRY
CHOCOLATE	STRAWBERRY
COCONUT	TUTTI FRUTTI
COFFEE	VANILLA
CRANBERRY	WILD CHERRY

King Arthur

```
P H G F B I S B K M D P E M W
U L F A S M E H B E E Q O B Q
V A L O L D Z E L L W R O E Z
G N L L E A A X S B G K L P C
G D B V E X H C Q A T W T I H
E P E S C N T A N T O M T N N
E R E I F S O L D D L U O O W
E U E R R L E I K N E Y L L E
H H M V C F O B L U M O A A K
N T T I E I V U C O A N H V C
N R E Y N N V R D R C C S A F
G A K R P J I A D E R D R O M
J E C Y A K Q U L Y D E F I Z
Q B H U M G N O G A R D N E P
F G T O L M T R I S T R A M O
```

ARTHUR	LIONEL
AVALON	LUCAN
BEDEVERE	MERLIN
CAMELOT	MORDRED
EXCALIBUR	MORGAN LE FEY
GALAHAD	NIMUE
GARETH	PENDRAGON
GUINEVERE	PERCIVAL
ISOLDE	ROUND TABLE
KAY	SHALOTT
LANCELOT	TRISTRAM

L Words

```
E H M O H Y O S Q N K Y Q N N
L R J L I F T I N G Z B Q G Z
A O U C L Y C I L A E E L L J
R F C S C V T O L Q Y A U F B
E E W K I G W I T I N M D F C
B E T N E E N L V D B R C L H
I G E H R D L I I E A A Y X M
L R Z E G E E N R P G R I Z Z
I I D L A U G J O U I N Y L B
O P A D O H A E I C O D O X M
N K E W M C L L A Q J B Y L I
E R Q C K O I L O G I C A L H
S B O N Y L T G N I K O O L O
S D X A S V Y T F O L L G O K
I Q L G T W P C L U Y T O G O
```

LABOURING	LIFTING
LAKE	LIONESS
LANDING	LOCKED
LAUGHTER	LOFTY
LAZY	LOGICAL
LEADER	LONGEVITY
LEGALITY	LOOKING
LEISURE	LOWERED
LEOPARD	LOYAL
LIABILITY	LUMBERJACK
LIBERAL	LYRICAL

Major Mountains

```
M K Y U T O J T B F P S G L C
R A H Q S Y S T S B R R L N A
Z N T N E U R E G I E K A O T
J G N T R A E B M Z R L J S U
T C O B E I C H N Q B U S N Z
V H L Q V R C O B T N C M I N
X E L Q E I H R N G I H C V G
F N H Y R G O O F C X A M M D
T J O I E A M R R U A N E M X
K U T A D L A P Y N P G S A G
P N S P R U N O A N O T U K J
M G E Y F A O I E A T S W A C
I A N I S H R J K J O E L L L
K P Z H C D T A E C C Q F U I
F U P Z Q P Y S T E M A K E W
```

ACONCAGUA	JUNGFRAU
ARARAT	KAMET
BROAD PEAK	KANGCHENJUNGA
CHANGTSE	LHOTSE
CHO OYU	MAKALU
COTOPAXI	MATTERHORN
DHAULAGIRI	MCKINLEY
EIGER	MONT BLANC
ELBRUS	SINAI
EVEREST	TIRICH MIR
JANNU	VINSON

Opera Composers

```
X G O A L K S Y U I V T R Q H
G X D S N D M A S S E N E T M
Y H V A I W A G N E R M O B C
N K J D D T S D Q K D O I K H
I H S H O T C F P I I Z I C E
C K C V R Z A V I L E A T L R
A E X A O H G D L T I R T L U
W V U S B K N E V O H T E E B
O S Y K S N I V A R T S Z C I
S V Y Z R H E A S B W M I R N
I N I C C U P F H M U E N U I
G O U N O D D A F C O T O P X
P R O K O F I E V O T A D M S
A P H J Q Y V I L E D N A H V
O L L A V A C N O E L A U G D
```

BEETHOVEN	OFFENBACH
BIZET	PONCHIELLI
BORODIN	PROKOFIEV
CHERUBINI	PUCCINI
DONIZETTI	PURCELL
GOUNOD	SMETANA
HANDEL	STRAUSS
LEONCAVALLO	STRAVINSKY
MASCAGNI	TCHAIKOVSKY
MASSENET	VERDI
MOZART	WAGNER

Smile at the Camera!

```
E U H H G T O T I A R T R O P
J S E C P A N N I N G B M T T
I R P L W A F Y L B R M O O Z
K J L A G R R D N I W E R H V
S O V X E N X G G N T K D P M
V C Q L R J A H O J W H Z E B
A O E A R E T E M T H G I L S
H L X N G N D R D V O L K E D
T X P D E N F N J I Z H E T V
C L O S E U P G I M W Q P N B
E L S C O L O U R F F W E I S
J H U A R E M A C L W M Y R P
B R R P A N O R A M A E B P A
U J E E U W I S N R V J I H U
S N R V U X H V F S G E T V F
```

BRIGHTNESS

CAMERA

CLOSE-UP

COLOUR

EXPOSURE

FLASH

FRAME

LANDSCAPE

LENS

LIGHT METER

PANNING

PANORAMA

PHOTOGRAPH

PORTRAIT

PRINT

REWIND

SCENE

SUBJECT

TELEPHOTO

VIEWFINDER

WIDE-ANGLE

ZOOM

Russian Tour

```
G E O M S K S N A M R U M J M
I S J S M O L E N S K L T O M
Y D L A R K H A N G E L S K O
N E A V L A D I V O S T O K S
O I K R D N L Y Z Z P M G N C
V R E A G O D A L E K A L A O
O K B J T O W O T P M A S H W
S U A J Q E G E P W G P A K X
I T I M U L R L H L I P K A G
B S K R C S I I O A F S H R Y
I K A Z B H T V N V J A A T C
R L L U E E A S Z B G M L S O
S I R G S G E T I K U A I A J
K G Z E V A A Q K M C R N V Z
O A A S I B E R I A R A G F D
```

ARKHANGELSK

ASTRAKHAN

CASPIAN SEA

IRKUTSK

KAMCHATKA

LAKE BAIKAL

LAKE LADOGA

MOSCOW

MURMANSK

NOVOSIBIRSK

OMSK

SAKHALIN

SAMARA

SIBERIA

SMOLENSK

ST PETERSBURG

URALS

VLADIVOSTOK

VOLGA

VOLGOGRAD

WHITE SEA

YEKATERINBURG

Shades of Blue

```
H A S T D A R K F F Q G S R T
E N S K Y H F B C Q R C N E N
W A Y T E C A M L O X O Z R Z
W C W U E N J Z Y T C B Q I C
H B R P H E I A U D Q A L H U
A T S R W R L R D R W L E P E
S S Y U F F Q W A R E T X P L
I H V S L U C X S M G F K A P
S M A S O J M E U B A N Z S R
G E N I R A M A R T L U A T U
O H S A B T D I K U L W Q E P
V E U N T H G I L I L Z S A C
S X B S K H N W N X O E Q L Y
Y A U G T O R E D W O P A Z I
P G K K R U J U O A Y T X N J
```

AQUAMARINE	POWDER
AZURE	PRUSSIAN
BRIGHT	PURPLE
CERULEAN	ROYAL
COBALT	SAPPHIRE
DARK	SKY
FRENCH	STEEL
LAZULINE	TEAL
LIGHT	TRUE
NAVY	TURQUOISE
PEACOCK	ULTRAMARINE

Waterfalls

```
T M C W X Y C H U R C H I L L
D S H O S H O N E R O V G J U
J V S S O F I T T E D B U N T
T I X S L L A F N I W T L M I
N O G E B W O H L C K Z L V G
Z I G U E O J Q I H R L F I O
M N A T A R W K E E I L O C R
A R I G H S O G V N M I S T D
Z H O B A C S I L B M G S O E
W R U R H R R U A A L G U R C
C N H W E S A A D C C N L I H
I K V I N P K D I H S I U A O
W K J N N N M Y R M K P E B I
N J U B I E A E B A P A R R M
N D R R M E C R O F H G I H J
```

ANGEL	KRIMML
BOW GLACIER	MINNEHAHA
BRIDAL VEIL	NIAGARA
CHURCHILL	REICHENBACH
DETTIFOSS	RHINE
DUNN'S RIVER	RINKA
EMPEROR	SHOSHONE
GAPING GILL	TWIN FALLS
GULLFOSS	UTIGORD
HIGH FORCE	VICTORIA
IGUASSU	WHITEWATER

END Words

```
E Q H T N K K A T V V N N W R
L G Y T I C A D N E M C P I U
B O M R E D N E F F O M N S S
A K A X A P I Y K D P N D D A
D R E A M D L J N X U I N A D
N E T N E D N E P E D E A O N
E N S F N D C E N M F P R J E
P D S E P S E D G E P E R T G
X E I E E E O D D E D N E M A
E R H R N R N E N N L N D H R
F E C U E D D D E E D N N L F
R D A D O N I L U E C Z E I O
R N N W E X H N N L N S V D N
O E B F X Q L C G T U U A R A
T G Z U I I Y U A J T M L S O
```

AGENDA	INNUENDO
AMENDED	LAVENDER
APPENDIX	LEGENDARY
ASCENDED	LENDER
CRESCENDO	MENDACITY
DEFENDS	OFFENDER
DEPENDENT	PENDULUM
EXPENDABLE	RENDER
FENDED	SENDING
FRIENDLY	TENDENCY
GENDER	TENDER

Native Americans

```
W U V L K A Y R E H G W O U Y
E M S Q Y C H O C T A W V T J
L D W C D S M O N O R U H Y W
P W T H I U H R M T A K U L F
V I S E M I N O L E P M X K R
A C R R E U B P S Q A E W W F
L Q F O M F A I J H H R B A S
I C E K Q W K E K O O N I H C
X C M E N U A C H K A N B O Z
I N R E N C O T A C M C E M H
X Y E O E W S I I L A G T U C
Y N T N W Q A H S H B P U X K
M E E O D Z O H J T C Z A Z P
T S W E A M M Y S T S I O U X
J V J P X N T O D N A Y W B X
```

APACHE	PAWNEE
ARAPAHO	SEMINOLE
BLACKFEET	SENECA
CHEROKEE	SHAWNEE
CHINOOK	SHOSHONE
CHOCTAW	SIOUX
CROW	TETON
HURON	UTE
IROQUOIS	WICHITA
MOHAWK	WYANDOT
MOHICAN	YUMA

Pizzas

```
C N R O C T E E W S N O I N O
H F W T O M A T O E S O X Q E
H X M U S H R O O M S V O A D
S Y G R O U N D B E E F N M E
P P E P P E R O N I W C A L E
F N E K C I H C J C H H G Y P
G B B N L Q H A D O D T E G P
B L A C K O L I V E S M R L A
C D C S A A C I K N F E O A N
A A O U P E E O K T K F V N C
P K N E D S M G J F Q A U U R
E S N P L S I L L I H C E T U
R O O G R E E N P E P P E R S
S R Q X X Z T S U R C N I H T
K E W S P I N E A P P L E Y N
```

ANCHOVIES	MUSHROOMS
BACON	ONIONS
BLACK OLIVES	OREGANO
CAPERS	PEPPERONI
CHICKEN	PINEAPPLE
CHILLIS	SMOKED HAM
DEEP PAN CRUST	STUFFED CRUST
DICED PORK	SWEETCORN
GREEN PEPPERS	THIN CRUST
GROUND BEEF	TOMATOES
JALAPENOS	TUNA

Nobel Peace Prize Winners

```
F S D Y C O J S E R E P W E R
D L A W J U E C A Y J K M V J
Z X N D W T Y H V K I U Z O C
N A N N A Y D W R S H Q I D V
I G J Y L T M E S J Q A L H S
G B C B E H T I K F J O R J P
E I O J S R N T M L J A K O N
B Z R R A G A Z T K E U I U V
P I R C E H D E S A J R M H X
K C I R U P D R Z L L X K A N
R E G O R B A C H E V B N U I
Z C A P R M M E D D F B T X B
B I N F M K S T D N A R B O A
M L L A H S R A M A S F D I R
F K H P T E E N G M W T J Y U
```

ADDAMS

ANNAN

BEGIN

BRANDT

CARTER

CECIL

CORRIGAN

DE KLERK

GORBACHEV

HAMMARSKJOLD

HUME

JOUHAUX

KISSINGER

MANDELA

MARSHALL

PERES

RABIN

ROTBLAT

SADAT

SAKHAROV

SCHWEITZER

WALESA

Night at the Opera

```
E K N J X D E I R F G E I S N
B T O I L E D I F P E N N A M
L J U T G U I X Q O N X C B E
O O S L E E P Q A A Z S O H U
C E H E F L N V V Z O R S A S
C T N E M C L O L T I A I R A
U Y A E N E I O E S S P F T L
B L I N M G H G G N C T A K O
A W D N N O R O A H E I N E M
N E A O Y H D I B M V G T L E
E R D D D U A I N A E C U E R
M T Y C N L P U R C L H T E N
R H C O Y M F T S U I Q T B G
A E V U C M A C B E T H E C V
C R U S A L K A O A R M E N Z
```

AIDA

BORIS GODUNOV

CARMEN

COSI FAN TUTTE

DON GIOVANNI

ELEKTRA

EUGENE ONEGIN

FIDELIO

IDOMENEO

LA BOHEME

LA TRAVIATA

LOHENGRIN

MACBETH

NABUCCO

OTELLO

RUSALKA

SALOME

SIEGFRIED

TANNHAUSER

THE MAGIC FLUTE

TOSCA

WERTHER

Rivers

```
M V A V N R A R J J I V Z A C
X G P N I G E R Q I N X E N A
E O T D U L I H E P C S N G G
L D C Q K B Z R L P E V I X P
U K E C U A N Y I I J T H I H
Q J K B M B E N N S V R R S K
C A X B U V K E T S T U W E F
Y O E R X N C L A I O A G M P
O Z L N O Z A M A S E G N A G
I U X O V W M D S S B L O H H
E D N A R G O I R I L O K T O
R B E E D A M E K M E V E C K
R O N H N A D R O J C H M W L
G C O N G O N O S D U H B L Z
E Z T G N A Y E K Y U R J J P
```

AMAZON	MISSOURI
COLORADO	NIGER
CONGO	NILE
DANUBE	RHINE
ELBE	RIO GRANDE
GANGES	SEINE
HUDSON	ST LAWRENCE
JORDAN	THAMES
MACKENZIE	VOLGA
MEKONG	YANGTZE
MISSISSIPPI	ZAMBEZI

African Countries

```
O L S L C M Q D B Z D E W H C
G A B O N W O A L G E R I A Z
R U A D N A W R F N C G A D O
K A I R E G I N O F A I Y Y G
H A Y N E K D E D C P A S P O
N Z I H E K L C E O C W M B T
S O U T H A F R I C A O O G C
U A O S R J B H E Z L T Z T H
O I V R I N T I I P S B A X A
P S E I E E N L S W S N M I D
O I L A X M A T A S Z Y B K L
S N N B M N A N V A A M I I A
R U T D D C A C N D A U Q W T
B T L I B E R I A Z G H U A F
M I I W A L A M O Q K M E G Z
```

ALGERIA

BOTSWANA

CAMEROON

CHAD

EGYPT

ETHIOPIA

GABON

GUINEA-BISSAU

KENYA

LIBERIA

MALAWI

MOROCCO

MOZAMBIQUE

NIGERIA

RWANDA

SIERRA LEONE

SOUTH AFRICA

SWAZILAND

TANZANIA

TOGO

TUNISIA

ZAMBIA

Canadian Round Tour

```
C E D G R J G Z X A F I L A H
R E G I N A I T O C S A V O N
R E D N A G L O C Z K L J X M
F N K L O N D Y K E U L M X P
S G R G W T A A L A R I I C L
M L E Y A B N O S D U H M A S
L Y V P E O U O T N D C E L X
D U U S I I K D M T Q R F G T
H K O G S N U A S D T U P A O
Q O C E L C N M S N E H V R T
G N N E L I I I O U H C N Y T
O C A G T G N M W K H O Y N A
L I V O I R A T N O E V J B W
C E B E U Q A D A L B E R T A
I A B O T S U D Y R U B D U S
```

ALBERTA	MONTREAL
CALGARY	NOVA SCOTIA
CHURCHILL	ONTARIO
EDMONTON	OTTAWA
GANDER	QUEBEC
GOOSE BAY	REGINA
HALIFAX	ST JOHN'S
HUDSON BAY	SUDBURY
KLONDYKE	VANCOUVER
LAKE LOUISE	WINNIPEG
MANITOBA	YUKON

Fictional Sleuths

```
W R B Z I L L E C O R T E P Y
T M M C G I L L E L E W L X T
T J U H A R R Y O V O M L Y E
I O H N Q L T Z T L R I E C R
M N R O G P L T R N X S R N G
W A A I O A E A U W M S Y I I
G G N H O K M A H I N M Q U A
A E Y N C P E T W A O A U Q M
S R R O I S E R F B N R E R T
O A R L U X E L M X N P E V F
O C I O D T A O U C A L N R Q
Z H L S E G L B K C C E Y F D
P C F P R O C K F O R D L G H
R E Q I C J M F I G R E T O G
S E M L O H K C O L R E H S Z
```

CALLAHAN	MANNIX
CANNON	MCGILL
CHAN	MISS MARPLE
CLOUSEAU	PETER WIMSEY
COLOMBO	PETROCELLI
CROCKETT	PHILIP MARLOWE
ELLERY QUEEN	QUINCY
HARRY O	REGAN
HERCULE POIROT	ROCKFORD
MAGNUM	SHERLOCK HOLMES
MAIGRET	T J HOOKER

Hot Stuff

```
G S X D K H S M T N K X X T H
L R S T E A M D O R W A I T C
U M I A I O J I H R Y K U Q T
M A R D C I N D E R S S J M F
E T F R D O I N B Z M C D I K
H C H I L L I P E P P E R C L
S H X M E H E Y H P B E A R J
L E U A S V E R E P T U T O D
A S H N R R O C A O A C S W H
O A U S I T A T N D B E U A G
C S R F A N Q G S Y A B M V W
G G N I R P S T O H S R B E H
W O D U Z N E V O L C A N O V
B A F E Y X U C X S O B O T X
R W O O S J Q O M T D Z Z Q L
```

ASHES	MATCHES
BARBECUE	MICROWAVE
BONFIRE	MUSTARD
CHILLI PEPPER	ONION
CINDERS	OVEN
COALS	RADIATOR
FIRE TONGS	STEAM
FURNACE	STOVE
GRIDDLE	SUNSHINE
HEARTH	TABASCO
HOT SPRING	VOLCANO

Meat on the Menu

```
S P F H S A L U O G O D T O H
L A M B C H O P Y F K D N L M
T F L M T I Z V N Y T F M L C
N O C A B E W C N P R U L A O
D Y J N M D N D C A O R S B N
V V B M H I N D N R Q S D T E
X T E L T U C K E A E I N A K
F U E I M J F G S R S G G E C
S O F E H U R D O I L M F M I
X G S J R U V L F U R O A V H
F A T T B F E E B I L L I H C
Q R E M D X C V S V L P O N O
W R A T A L O P I H C L T I I
L H K R O P T L A S L A E V N
W Y R C Z S T Z F G I G O T Y
```

BACON	HAM SANDWICH
BEEFSTEAK	HAMBURGER
CASSEROLE	HOT DOG
CHICKEN	LAMB CHOP
CHILLI BEEF	MEATBALL
CHIPOLATA	RAGOUT
CUTLET	SALAMI
FILLET	SALT PORK
FRANKFURTER	SIRLOIN
GIGOT	TENDERLOIN
GOULASH	VEAL

Cards

```
Q Q C J P Q I X I G L A B W C
Y D K K D M Z Z Y M M U R T L
V W C V L J R T T E U Q I P U
L W I L D C A R D Q G X D Y E
V I R N M A L S D N A R G G R
T V T B N Y I E E D C E E E H
Q A D T G I U K R D E K K T C
C W R W L Q N F O L A O B A U
A D A A I E U G H O P P Z R E
N C C Z C X S C H D L W S T B
A T E D U C O L U A H A J S C
S B V H N N A T A U N R K T R
T N I N I X S B R M J D R I O
A E F P G G R C E N C P U U I
T R U M P S H U F F L E K S B
```

ACE HIGH	PINOCHLE
BACCARAT	PIQUET
BEZIQUE	RUMMY
BRIDGE	SHUFFLE
CANASTA	SPADES
DRAW POKER	STRATEGY
EUCHRE	STUD POKER
FIVE CARD TRICK	SUITS
GRAND SLAM	TRUMPS
KALOOKI	WILD CARD
LITTLE SLAM	WINNING HAND

Nuts and Seeds

```
L W A Y S D R F Z E Q U B M C
Y E A V T L E M Y R O K C I H
W Y K L U N P L C A S H E W G
R P E A N U T E V O W M H V T
E P G E B U Y T O T T A N N A
D S L K O N T T L I Z A R B N
N O C F C C T U N E N I P A N
A W Y E A H Y S L Z Q N L R C
I E C F R E E N R N I M U C X
R S T S D S U Y O V O T K P T
O I H C A T S I P N B C W Q B
C N T M M N P R D P A E X O I
N A E F O U O I S O O C I W V
S W B P M T L E E V L P E V I
B V W Y K L D Y P S P C N P R
```

ALMOND

ANISE

ANNATTO

BRAZIL

CARAWAY

CARDAMOM

CASHEW

CHESTNUT

COBNUT

CORIANDER

CUMIN

DILL

FENNEL

HAZELNUT

HICKORY

PEANUT

PECAN

PINE NUT

PISTACHIO

POPPY

SESAME

WALNUT

Red Things

```
E I F X P J Q A Q C R G N L A
G D Z U G V W O O D J C X R U
B D P M M X D T E P R A C J V
P E P P E R C A G C J A E V M
N D L B A H C K A U W A U H M
K A U C E N U M B K G O A G H
Y E L R S B I L B L E I N R Y
S H R E Q U O H A F E A A B K
O Y N S R O P K C I R B R N V
B X C C D R P R M U L L E T T
A P P E E W I I O T R Q F T H
G V D N E R L U L C G R L G I
Q L R T R Q O H Q D E C A F T
F S E O T T Z E L S S F G N B
T L P V E E H F V H A D L T T
```

ALGAE	DEER
BLOODED	EARTH
BRICK	FACED
CABBAGE	FLAG
CARD	GIANT
CARPET	GUARD
CHERRY	HEADED
CHINA	MULLET
CORPUSCLE	PEPPER
CRESCENT	SQUIRREL
CURRANT	WOOD

Shakespearean Characters

```
H C W R Z A J P U S T H H I J
Z Z M H C T E I L U J T A U W
V G W D A D N A R I M E M G L
O F F A T S L A F S Y B L L I
F R I A R L A W R E N C E F A
N D E Y Z I I A S C U A T I P
O U C P V U D R D T N M L S S
R P O A S M K I N G L E A R U
E U T R E O Z E W A H K S J T
B C H M T T R L X P B O C O U
O K E W N T S P O U P I A M R
E M L G O O D B T Y B A L T B
M U L S E B W T I T A N I A T
O W O R L E F N S L W P S O C
R U N R R X S H D D S P U L T
```

ARIEL	MIRANDA
BOTTOM	OBERON
BRUTUS	OCTAVIA
CALIBAN	OPHELIA
FALSTAFF	OTHELLO
FRIAR LAWRENCE	PROSPERO
HAMLET	PUCK
JULIET	ROMEO
KING LEAR	ROSENCRANTZ
LEONTES	TITANIA
MACBETH	TYBALT

Butterflies and Moths

```
Z B K S Z A T K F J E N B A V
K O W W S R Q E X C O M M A E
G Y P A D S R O L L O P A T A
R W D L G P A E A G V H T O M
E J R L M S O R Y O N B I X V
Y H Y O V P I X G S U I M P X
D T A W A M J E S T Y L R O M
A F D T D T L I T E O A E G U
G J R A L S L E S L G N H R O
G A D I B A R L O U K I K A U
E E Z L S F S A H V K D U Y S
R L U Y L A P B G I D R H L M
M E R Y D U D K L R T A U I B
D H F J P I T F F U B C P N O
C B W U R E P E E K E T A G U
```

APOLLO	GRAYLING
ATLAS BLUE	GREY DAGGER
BUFF TIP	HERMIT
BUTTERFLY	KNOT GRASS
CARDINAL	MOTH
CHRYSALIS	PUPA
CLEOPATRA	RED ADMIRAL
COMMA	RINGLET
DRYAD	RIVULET
GATEKEEPER	SWALLOWTAIL
GHOST	VOGEL'S BLUE

Norse Deities

```
S B T S U E K O T U M B L X P
N K P V T R N K V F N A S Z O
X Y I F Y A Z D I A C K E O H
A I G A R B P R L N A A K L L
S X F R E Y A O L D A M O C B
U F R I G G N J I L N M T I W
W D C L K I I N T G A H E E F
Q N P S D O M R E H O W Q W H
F W H O D H W F S R M P Z N J
Z V N O K S J I R I T Y P L D
V X V A X O G H O N K H U C K
A U R L N Y K K F D L O U Q Y
F Z B J N N W A O R N G L S B
V D G M M R A Y W D A J N Z Z
Y G M E G P C O C S S B O H Q
```

AEGIR	NJORD
BRAGI	ODIN
FORSETI	RAN
FREYA	RINDR
FRIGG	SIGYN
GEFJON	SKADI
HERMOD	SOL
LOKI	THOR
MANI	TIW
NANNA	TYR
NERTHUS	VILLI

U Words

```
J S U G Y K J E A J M E P T Z
C L N P W T S E I L G U H P I
R I O U S Z I A X Y W I W M D
E S N U S E F U L N E S S X E
C N K O K C T E Q L U F T U D
L E J W S R T T J I E C A F A
U T O P I A A L I O B R M A R
C U M N M S R I M N H U B N G
M D N I W P U T N D G U T M P
U L T E R I O R L I K R R U U
U L A S R E V I N U A Z C I M
U R C H I N V V L T Q N N N P
S D B F O L H E S Q O Z R A I
P H O A A U L P G Z L Y Y R R
P Y P I N E U R G E N C Y U E
```

UBIQUITY	UPGRADED
UGLIEST	UPSETTING
UKRAINIAN	UPSTART
UKULELE	UPWIND
ULCER	URANIUM
ULTERIOR	URBAN
ULTIMATELY	URCHIN
ULTRASONIC	URGENCY
UMBRELLA	USEFULNESS
UMPIRE	UTENSILS
UNIVERSAL	UTOPIA

Sixties Pop

```
B U W B W V L O E B I V J G N
S I B E A C H B O Y S A P S I
R K C L J I M I H E N D R I X
F A N A T N A S U I I E O C I
D Q T I M T L L S A A E C V Z
Z S H U K D B J N R B P O B E
B U E N E Y O A L W E P L O A
P P W C D P R O X Z A U H B B
L R H O L O G E W R T R A D N
I E O I S U V G W T L P R Y A
T M N S T O M A K Y E L U L O
Y E O H M N W O R B S E M A J
B S R E K C O C E O J G L N C
C I H K J I S P O T R U O F Z
E T M O N K E E S D R Y B E P
```

ARLO GUTHRIE	JIMI HENDRIX
BEACH BOYS	JOAN BAEZ
BEATLES	JOE COCKER
BOB DYLAN	KINKS
BYRDS	MONKEES
DEEP PURPLE	MOODY BLUES
DIANA ROSS	PROCOL HARUM
FLEETWOOD MAC	SANTANA
FOUR TOPS	SUPREMES
JAMES BROWN	THE MOVE
JANIS JOPLIN	THE WHO

Star Trek

```
T A B N K N A R T T O T S D V
B R B M R S U L U D E N E R S
N U R S E C H A P E L A N P E
O H I H I Q S C O T T Y O Q N
G U D G T R E S A H P C B L T
N S G K N L D F G F K J E V E
I T E A O W A R P F A C T O R
L P R R R S I S M M N H Q K P
K Y L E F P E I E C A Z V E R
R O M U L A N S F S C U W H I
J E X H A A T I W W L O E C S
P K O D N K D N I N U U Y R E
E L B B I R T E U B V X P M Z
W O I R F S T A R S H I P M I
I R K Q F U S L M Q C X R Q I
```

BONES	NURSE CHAPEL
BRIDGE	PHASER
DEATH GRIP	RED ALERT
DR MCCOY	ROMULAN
ENTERPRISE	SCOTTY
FINAL FRONTIER	SPOCK
IMPULSE	STARSHIP
JAMES T KIRK	TRIBBLE
KLINGON	UHURA
MR CHEKOV	VULCAN
MR SULU	WARP FACTOR

Romans

```
X X D H O Z U O S A B D H P A
I N B I A A U G U S T U S M T
C O R K O D C I C E R O U A T
D I U R M C R A R O T A N E S
S G T N H P L I N Y E S A Q T
G E U E A I A E A B U Z I T O
D L S K G Y N O T N A K R A M
R T A U N E J O A I U O O C F
M Y L D I Q N I I Y A S L I P
W A E B I D S U F R N N F T R
S E N E C A U Y B E U E U U A
C E E B P A T A R I O T E S S
C A S S I U S O L V R E N D E
H Y E P M O P I R C I T Q E A
J V R J G B N I W U G M V M C
```

AUGUSTUS	HADRIANUS
BRUTUS	LEGION
CAESAR	MARK ANTONY
CALIGULA	NERO
CASSIUS	PLINY
CENTURION	POMPEY
CICERO	SENATOR
CLAUDIUS	SENECA
DIOCLETIANUS	TACITUS
FLORIANUS	TRIBUNE
GLADIATOR	VESPASIANUS

Explorers

```
D A W S N O S D U H N W L H E
A N E S N A N M B Y V M D N L
M I C N A L L E G A M G V P L
P C T A W I L L O U G H B Y E
I C Q M P J M G P E O A E E I
E U P S K T W U Y E M L T J Z
R P A A K T A J N U S M T T N
O S S T L I V I N G S T O N E
S E C L V Q O D N U O B C S K
S V E E G R S I B C A P S E C
Y S R B R E K M C C O Y A T A
R O X A N Y U P N P G O V R M
A H Z A R L R H J E H V K O K
E I B A O L O P O C R A M C Y
P H M C I J F S T A N L E Y F
```

ABEL TASMAN

AMUNDSEN

CAPTAIN COOK

COLUMBUS

CORTES

DAMPIER

HUDSON

JOHN CABOT

LIVINGSTONE

MACKENZIE

MAGELLAN

MARCO POLO

MARY KINGSLEY

MUNGO PARK

NANSEN

PEARY

PIZARRO

ROSS

SCOTT

STANLEY

VESPUCCI

WILLOUGHBY

F Words

```
V S U O L U B A F T A P O Y T
Q D M X M D P E E K A L F N K
F G V K Z U S P B S R L T N T
O K R X F T F E R V E N T U Y
R E P P I L F L U F R A E F R
M U R V G X R O A T E G D I F
U A A R H E E U R B Z N S G A
L L Z O T L A P Y T U C L M D
A Y T S I E F P L L R U J E E
N U O T N E M A L I F E Y N D
B F U B G H R E V E T B S T I
U F U B Y E F A C T U A L S V
P Z C S D Z K R U O V A L F H
C J J E G U O N Q D Q X K E T
L H F T A F V D Y Z P N U S M
```

FABULOUS	FIGMENT
FACTUAL	FILAMENT
FADED	FLAKE
FEARFUL	FLAVOUR
FEBRUARY	FLIPPER
FEDERAL	FORCEFUL
FEISTY	FORMULA
FERVENT	FORTRESS
FESTIVAL	FOSTER
FIDGET	FUNNY
FIGHTING	FUTILE

Hobbies and Interests

```
E G N I D I R J E P P C H V H
G M N U R Z X E M U S I C H I
I M B I E U P O M Z L T V V K
S W S R K A L G Q Z B B G L I
Y L Y K O L N W V L E M N G N
D Q W O E I A B S E I L I N G
P I Y F G T D W K S B Y T I N
S B V G C A C E H I C X T T I
A E O I U F E H R M P P I N H
I J U C N P H I I Y I A N I S
L N B Q I G N I C N A D K A I
I X G N I N E D R A G G Z P F
N P G P O T T E R Y W X U P I
G N M U C G N I L C Y C E F C
F U W G N I D A E R L Z W V L
```

ABSEILING	KNITTING
ANTIQUES	MUSIC
BEEKEEPING	PAINTING
CYCLING	POTTERY
DANCING	PUZZLES
DIVING	READING
EMBROIDERY	RIDING
FISHING	SAILING
GARDENING	SKETCHING
HIKING	WALKING
JOGGING	YOGA

Glaciers

```
L L B X Q Q I V V Y X A A A A
L Q L G E D D H C S T E L A F
C Y N U Q N T H U B B A R D F
W E I G K T O U O M K D O A M
Q E T F L O A H R F B Y V O C
D C N H A K J L R T I O J C X
Q A I O T H T A I B M U L O C
D L U F M F N D N E X A F D J
I G Q S A Z N S K T V L N L T
G E N J J H D K X H A P H N M
G D A O S M Q I D R A V R A H
R R S K B E Z R E T S A P M O
U E N U E A R B E R I N G S R
F M W L A D E T S O J D Z A N
D O N L K B J J P E N I E T S
```

ALETSCH	HUMBOLDT
BERING	JAMTAL
BRIKSDAL	JOSTEDAL
COLUMBIA	MER DE GLACE
FOX	PASTERZE
FRANZ JOSEF	RHONE
FURGG	SAN QUINTIN
HARVARD	STEIN
HOFSJOKULL	TASMAN
HORN	TURTMANN
HUBBARD	VATNAJOKULL

Islands

```
F R D Q J W M H W I Q M W J O
W A E N R J V V F I L V N R O
T W C V A Z A K N A L I R S I
G W I I C L A J A W D C K K E
C R C L S D D B N A X T A F A
Y H E D A R U N T H K O I Q C
P A L N G C O S U I N R D S I
R U A U A S O C C O E I O A N
U G N Q D D T Q K N F A K R I
S I D S A U A A E A D W F D M
M T I B M J F T T N P L E I O
K N R Y F R G R E E N L A N D
D A D I N I R T P G N K I I T
B X H T E B J R A B I Z N A Z
H T R D M Q L I Y U C I O V N
```

ANTIGUA

BARBADOS

CORSICA

CUBA

CYPRUS

DOMINICA

FIJI

GREENLAND

GRENADA

HAWAII

ICELAND

KODIAK

MADAGASCAR

NANTUCKET

NEWFOUNDLAND

SARDINIA

SRI LANKA

STATEN

TENERIFE

TRINIDAD

VICTORIA

ZANZIBAR

Picnic Hamper

```
U U Y J D I F T M M L C R P D
S A L A D D N B U B A K U S Z
T W Y A P W J S U L T P E L Y
Z L E M O N A D E T K O P C V
K R S R X P R S W L T X K L E
B I I J C V O L E A K E R J E
M K A O L S F L M N N C R Y F
W S N K R R K O I H I B I X F
Z Y N R N E T R R V V W K P O
O S O J J K T M O K E M V B C
I B Y I U C A A J C S S I A H
L G A K D A H H W O Q R W N E
T V M R F R U I T G J K Z A E
O P C H I C K E N A P K I N S
O G F W J N V B N W M Z I A E
```

APPLE	HAM ROLLS
BANANA	KNIVES
BREAD	LEMONADE
BUTTER	MAYONNAISE
CHEESE	NAPKINS
CHICKEN	OLIVES
COFFEE	PICKLES
CORKSCREW	SALAD
CRACKERS	TOMATOES
FORKS	WATER
FRUIT	WINE

Shapely Things

```
P N X N N N E R A U Q S R L F
S A O O G R H O M B U S R G P
N N R G R J S E P T A G O N E
O Q M A A C S C S K D K K K E
Q X E T L R O H T T R K S O H
X O L N W L T N E R I F Q C V
M L G E I C E E E X L U C T Y
S F N P T C E L T L A B U A S
I Z A R S O R G O D T G B G P
R B I E E K V N R G E I O O H
P Y R A M I D A M L R O I N E
H C T R C Q N T L X A A D V R
L R N K P G Z C L V L L M S O
C I R C L E J E L L I P S E I
C N G E V T T R A P E Z O I D
```

CIRCLE	PYRAMID
CONE	QUADRANGLE
CRESCENT	QUADRILATERAL
CUBOID	RECTANGLE
ELLIPSE	RHOMBUS
HEXAGON	SEPTAGON
OCTAGON	SPHEROID
OVAL	SQUARE
PARALLELOGRAM	TETRAGON
PENTAGON	TRAPEZOID
PRISM	TRIANGLE

Mythical Beings

```
G M M G J D L S P I L E T Y N
O F N A R Y H T O M E H E B V
R L L A P I N E M P U L T O C
G E G O S H F E W N S E K R U
O O S L W X O F D K W F E U E
N B U I B E S E I R Y K L A V
E Z M G S E R L N N V B P T B
K M A F E B M E E I B J I O L
A K S E I S S S W I X C E N J
R G U R P P Y N Y F P E S I C
K A D I R O L E B Q C N E M R
H W E P A L P R S N A T I T C
F J M M H C H I M E R A R R T
O V X A Q Y S S T A W U U P F
Q R U V N C S T R K C R F E I
```

BEHEMOTH	MEDUSA
CENTAUR	MINOTAUR
CHIMERA	PHOENIX
CYCLOPS	SIRENS
DRAGON	SLEIPNIR
FURIES	SYLPHS
GORGON	THUNDERBIRD
GRIFFIN	TITANS
HARPIES	VALKYRIES
KELPIE	VAMPIRE
KRAKEN	WEREWOLF

Character Types

```
T X N U K G A O R F G S O Y S
A S S M F J E E B Z U J V I R
O M I S E R C N O O F F U B Q
Z B N D N N O P T I M I S T P
U R A Q A H D S G L C A S D T
C T E M I S I L R R E I G L V
Q R O M R T L P I J F M E H P
J R E F A A V M P I V A A O E
M W C M B E I F C I D C V N D
E H G D R N R A E E E I G D A
D O D G A A P D R I F T E R N
D O H L B A H M Y P A A N A T
L L U N A T I C F A T N I W Z
E J N C K T O V H T D A U O N
R B B Z Y R O X M S B F S C G
```

BARBARIAN	HIPPIE
BUFFOON	LEADER
CHARMER	LUNATIC
COWARD	MEDDLER
CRIMINAL	MISER
DAYDREAMER	ODDBALL
DOGMATIST	OPTIMIST
DRIFTER	PACIFIST
FANATIC	PEDANT
GENIUS	ROMANCER
GENTLEMAN	SADIST

Walk in the Woods

```
K L T Z S D S R B F Y Q S B I
W O E X O E J E E P B T Z J Y
C O W A W E E N O M L I G I C
K T L I V R C N Z E A C L M T
C S R L T E A M R C C L A U M
I D B K I C S R B L K W D S Q
K A A Y R W I E E P B S O H K
W O D V H U G A I Y E B L R K
V T G C Q A R N M O R E B O C
P J E S I I E E I A R E V O G
E E R L N C W Z E P I T Q M G
B V O G O B L U E B E L L S W
O F K N E T T L E S S E I L Q
G R E K C E P D O O W I W F V
M S T R E A M A T K V O F P S
```

BADGER	LEAVES
BEECH	MUSHROOMS
BEETLE	NETTLES
BLACKBERRIES	OAK TREE
BLUEBELLS	OWL
CANOPY	PINE CONES
CLEARING	SQUIRREL
CROW	STREAM
DEER	TOADSTOOL
FENCE	WEEPING WILLOW
FOLIAGE	WOODPECKER

Superheroes to the Rescue!

```
S A F K Y O B R E P U S N C W
U R P L I V E D E R A D A A T
P N O U H J E O W H M P M P H
E S R H Z F W B M S T S O T E
R H I E T B A T M A N U W A P
M U N L T Y Q L I L N B R I H
A M A B V N T N C F A M E N A
N A M I T E A H B O Q A D M N
A N R D H M R L G O N R N A T
M T E E E J G S N I I I O R O
O O D R A V O I U E M N W V M
W R I C T M I S Q R E E D E E
T C P N O O R I U Y F R H L S
A H S I M S P E C T R E G T V
C X Q G W O R R A N E E R G A
```

BATMAN

CAPTAIN AMERICA

CAPTAIN MARVEL

CATWOMAN

DAREDEVIL

FALCON

FLASH

GREEN ARROW

GREEN LANTERN

HUMAN TORCH

INCREDIBLE HULK

ISIS

SILVER SURFER

SPECTRE

SPIDER MAN

SUB-MARINER

SUPERBOY

SUPERMAN

THE ATOM

THE MIGHTY THOR

THE PHANTOM

WONDER WOMAN

Numbers

```
P M S M M N E E T E N I N D F
A N K O T R I L L I O N W S K
Q T Q Z X T G B K E F O R I K
D N A S U O H T Q N D W N X E
G S S O E Z T V I O N T D T K
R L X I D E E N W Y X Y E Y R
F M R F X Q E O W T Y T R O F
X I W I O T N D H F T X D N O
C L F F Y R Y N K I H I N E U
K L T T T T T S E F G S U E I
O I W Y E H N Y E V I L H T F
J O E T P E I E O V E Q T R P
K N L W K Q N R V N E L Y U L
E G V O T H I R T E E N E O M
W Y E H Y F K T Q Y S X L F J
```

EIGHTEEN	NINETEEN
EIGHTY	NINETY-TWO
ELEVEN	SEVENTY
FIFTEEN	SIXTY-ONE
FIFTY-ONE	SIXTY-SEVEN
FIFTY-TWO	SIXTY-TWO
FORTY-ONE	THIRTEEN
FORTY-TWO	THIRTY
FOURTEEN	THOUSAND
HUNDRED	TRILLION
MILLION	TWELVE

Indian Towns and Cities

```
R Q S W P H D T A X D M Z W N
C P A T N A V O B I A B M U M
I J U R B J M L A P O H B F Z
H K P N U X A R U P N A K Z L
L Y A F X P U I I Z R J M I W
E H T S G D G B P T I A N A E
D H A A A I G A D U S B R N N
T J K M N I S A N A R A V N F
U Q L D V K T K B O D L R E R
R W O N K C U L B O T P C H F
E R K A G R A V D E H U M C R
E L Q S E Z E A H T A R U S V
M J Q H N A V X G W V H F V R
F V Z I O E S O U T G J B X S
T T O K J A R Z V U Q E K V S
```

AGRA	LUCKNOW
AMRITSAR	MADURAI
BHOPAL	MEERUT
CHENNAI	MUMBAI
DELHI	NAGPUR
DHANBAD	NASHIK
INDORE	PATNA
JABALPUR	RAJKOT
JAIPUR	SURAT
KANPUR	VADODARA
KOLKATA	VARANASI

Military Leaders

```
P K M P B M Q W K G V Q E S F
N W A L L E N S T E I N Z P J
S C R R Y K I T C H E N E R T
Q U L Z H E S S I R R A H Q E
V B B E H A L L E N B Y Y G A
H Y O U M U N D I N C L A N W
U C R W L M K N A M H R A I N
J V O E Y R O O I R I O N R Y
R W U L M W T R V B B G W L G
L H G L B O M N A P A Z G E O
K C H E O E G L A T O L L S R
A D S S F L D T E R H I O S D
H F Y L P I T M N L G O P E O
Y N O E L O P A N O O R A K N
X W W Y N R E K N A M R E H S
```

ALLENBY	MONTGOMERY
BRADLEY	NAPOLEON
EISENHOWER	PATTON
GARIBALDI	ROMMEL
GORDON	SHERMAN
GRANT	SLIM
HANNIBAL	WALLENSTEIN
HARRIS	WELLESLEY
KESSELRING	WINGATE
KITCHENER	WOLFE
MARLBOROUGH	ZHUKOV

Lord of the Rings

```
L T R V B I M P T Z S H E Z K
O K N Y W O E F S F T P R Z O
D Z M H T X R R E L R O N D N
S N I G G A B O B L I B L A Z
L R D M W F M D M N D P H F T
J T D C C A U O E I E O P T K
L B L A T R L B C G R I H I O
F L E B G A L A D R I E L J G
J L E W M M O G Z E O M E R A
A E A D N I G G A D I P O Y T
I E R D N R N I E G V G I V L
R Q T O N E N N R O G A R A Q
O O H G W A V S A L O G E L S
M E R R Y W G I F D I Z Q A R
C K A N N A M U R A S A M B Z
```

ARAGORN	GIMLI
ARWEN	GOLLUM
BILBO BAGGINS	LEGOLAS
BOROMIR	MERRY
ELROND	MIDDLE EARTH
EOMER	MORIA
EOWYN	RIVENDELL
FARAMIR	ROHAN
FRODO BAGGINS	SARUMAN
GALADRIEL	STRIDER
GANDALF	THEODEN

Musicals

```
Q K L Y M M O T M O R C I W E
V S E L B A R E S I M S E L Y
A G S L N O G I A S S S I M D
Z C U O P L H M N W T F L A O
E H O D T H O J N S A K T M U
F I R O W H E P I M F I A M K
G C A L A C E D E U Y S O A S
R A C L H F E K N L T S B M Z
Y G K E J S L N I A T M W I P
N O S H T X Y O C N G E O A K
L S W O E F N U Z Q G K H F O
Y B R E A K I N G G L A S S B
I Y I C I C A B A R E T N F F
U L E N Z G X A T I V E A D G
H L G O D S P E L L M C P E I
```

ANNIE	HELLO DOLLY
BREAKING GLASS	KISS ME KATE
CABARET	LES MISERABLES
CAROUSEL	LION KING
CATS	MAMMA MIA!
CHESS	MISS SAIGON
CHICAGO	OKLAHOMA!
EVITA	SHOWBOAT
FAME	THE KING AND I
FUNNY FACE	TOMMY
GODSPELL	WEST SIDE STORY

What a Gas!

```
E W Z C R S F Z C R Z Q R M N
O I M A E A C E T Y L E N E R
G X D R N C J P F E E I I T X
C O E B A O H L R M T B T H H
N T G O P P U L G R N I R A I
F Y B N O O G Z O O C O O N N
Y I V D R I P U X R Z P G E K
Q A M I P D S Y N K I O E R T
X E N O N O G A E O A N N P A
Z E K X X E H N G N T L E E Q
I O D I N E A U O L I P Z Y U
C I D D Y T L N R R A M Y H J
J E W E U E O U D T K O O R Y
G Y L B A E N Y Y N D F C R K
R U U D N R H N H E L I U M B
```

ACETYLENE	IODINE
ARGON	KRYPTON
BROMINE	METHANE
BUTANE	NEON
CARBON DIOXIDE	NITROGEN
CHLORINE	NITROUS OXIDE
COAL GAS	OXYGEN
FLUORINE	OZONE
HALON	PROPANE
HELIUM	RADON
HYDROGEN	XENON

Greek Deities

```
T S Q S M A A V J O R H Q I D
M G U H I U R Z L A G K C M M
A R L E X W R L W R L O B L A
Q S G Z H X O R E T E M E D E
T Y U U W P S E L E N E X O T
H N G I A K R S S M J A S B A
E Q X A P H R O D I T E Z I C
M K L K I A T S M S M G T R E
I C D L Z A L T K R R S O K H
S E E K N E W U E O E N B H A
P R I A P U S H C H U T Y E S
Q I H R R R A R W S X M H B Y
S T N E V H L Q U M E R O S P
T M B S U E Z D A N A A J A P
O B X V P M G W V P K E O V A
```

AESCULAPIUS

APHRODITE

APOLLO

ARES

ARTEMIS

CRONUS

DEMETER

EOS

EROS

GAIA

HECATE

HERMES

HESTIA

HYGEIA

HYMEN

MORPHEUS

PRIAPUS

RHEA

SELENE

THANATOS

THEMIS

ZEUS

Moons of the Solar System

```
T S O M I E D Z Z W F X R K U
C M T S S O B O H P J W F L U
O L R V P U S H B L L K E N O
V L I X Z Y D D G E T I O O U
Z O T S I L L A C D R I Y R S
W H O N V E N A L A R O Z E P
T P N F I Y N S C E Z P I B J
J T P R M K Y Z P H C A A O Q
A E B E O H P Y F T E N P R U
N M D T T W H V M L H D E R O
U E N E E U R O P A T O T E M
S N T A D N A R I M D R U A S
T O Z F T D A T L A S A S H I
X M W U Z I K V X M R O W Q U
M F A X F S T D M E Y W U Y P
```

AMALTHEA	JANUS
ARIEL	LEDA
ATLAS	MIRANDA
CALLISTO	OBERON
CALYPSO	PANDORA
DEIMOS	PHOBOS
ENCELADUS	PHOEBE
EUROPA	TETHYS
GANYMEDE	TITAN
HYPERION	TRITON
IAPETUS	UMBRIEL

Sauces

```
A C S E N A T T U P B G K B C
R S D E S P A G N O L E O L W
E L W I A I W W K V O L H B U
V L B E N I A C I R O M R A B
A D R U E O I D R G L A Z R L
M G A Q Y T G R N P T R Q B A
I B E E A Q A E E A E M B E N
R E R R N R S N I P L T L C Q
P C V G R E G B D D I L I U U
W H I A O S B U N S Y R O E E
V A O L M A R I E R O S E H T
Y M P A R N I T A R G U A P T
N E U R U S A L S A V E R D E
B L A C K B E A N I A R H O O
I X R I B R U E S S A H C J A
```

A LA GREQUE	CHASSEUR
ARMORICAINE	ESPAGNOLE
ARRABBIATA	HOLLANDAISE
AU GRATIN	MARIE ROSE
AU POIVRE	MORNAY
BARBECUE	PERI PERI
BECHAMEL	PRIMAVERA
BLACK BEAN	PUTTANESCA
BLANQUETTE	SALSA VERDE
BOLOGNESE	SWEET AND SOUR

Shipping Lines

```
A F K G B D X T R F A P F Q A
P C N M D E T B R J O Y F L I
T O I T A F R E S L F R K A D
H S L R H E D G I F E Z C U N
T T A Y E O R S E N X U C R I
W A E N L M H S C N N C I O H
H L S S V O A H K A L U H L S
I I E C C U L D R B V I P I I
T N V E S I R D N A H C N N T
E E A U N I O N C A S T L E I
S N A E B B I R A C L A Y O R
T H N S W E A S H E L L N O B
A U E L I C A W P A N D O T Z
R Z T H X L L I V A S W A H S
G Z S C R A T S D E R T F N U
```

BERGEN LINE	MAERSK
BRITISH INDIA	P AND O
CHANDRIS	POLISH OCEAN
COSTA LINE	RED STAR
CUNARD	ROYAL CARIBBEAN
DFDS	SEALINK
FRED OLSEN	SHAW SAVILL
FRENCH LINE	SHELL
FYFFES	STENA
HOLLAND AMERICA	UNION CASTLE
LAURO LINE	WHITE STAR

Down the Hatch!

```
U I M L R D Y W T M T B Y V Z
Q B B I D D N M L T W N B Q V
B R E A N M O C V V H F C E P
Z U E A O E B E O O I D H J M
F M R E Z Z R G G C S Q A H O
T B U C C M U A D H K U M C J
T D H Q O O O O L S Y T P S B
M W C U G Y B J C W G S A R D
S P T V N Z C H I I A T G I W
K H O M A A N H N W T T N K L
L I C F C A B S I N T H E V Q
D S S B P N G N T A X Y W R S
U P V P Z B E O R E N Y T W F
P N S I V O D K A V H T R O P
L M U M T R J O M B S T I U R
```

ABSINTHE	MEAD
BEER	MINERAL WATER
BOURBON	OUZO
BRANDY	PORT
CHAMPAGNE	RUM
CHIANTI	SCHNAPPS
COCKTAIL	SCOTCH
COGNAC	VERMOUTH
GIN	VODKA
KIRSCH	WHISKY
MARTINI	WINE

Fabrics

```
J T F G D A P A Q C R H G A Y
H U L R I A H O M E Z H N M H
G W K Q K N R C K P P G M I C
T F E O B I G C J Z O U B C V
L Q N N Y K U H N R S E A J U
M E T I Q S D R A L O N M X J
W D O R R K E D I M V I S G B
X E W E F C G N S A D M L R J
P U E M E U N U S E R R T N U
N S L E V B T V E L V E T G O
O I L S K I N W H Z V P S W X
L F I L G N T A C W U R J F Q
Y Z N O T T O C O D I A L P D
N I G O H U A U S L U N G P F
D R B W E C I Q K I A G Q T Z
```

ANGORA	MOHAIR
BUCKSKIN	MUSLIN
CANVAS	NYLON
COTTON	OILSKIN
DRALON	PLAID
ERMINE	SEERSUCKER
FLEECE	SUEDE
GAUZE	TOWELLING
GINGHAM	TWEED
HESSIAN	VELVET
MERINO	WOOL

Airy

```
A E N R G E H T A E R B B O N
T E E X E P T N P M T B U A E
C K F T Z E C A R G W U B D W
F N T V E E A A L R V O B L S
F R S S E N T H G I L Y L S R
M Z N R R R S H P J T A E B L
Z E E M B E E T E Y C N K A Z
J P G K R M U H N R N C E L G
V H Y F E B E F P E E Y P V D
G Y X L E J U L P S R A G V G
S R O O D T U O P Y O R L W Y
E D D N G J J W M R C M U O X
Y N I Q N A I R T I G H T C S
P W R Q C O R N K A E N I A X
S B C M Y U G Z L W L N Q L J
```

AIRTIGHT	FRESH
AIRY	GRACE
ATMOSPHERE	LIGHTNESS
BLOW	MELODY
BREATHE	OPENNESS
BREEZE	OUTDOORS
BUBBLE	OXYGEN
BUOYANCY	TUBE
CURRENT	VENTILATE
ETHEREAL	WIND
FLOW	ZEPHYR

Distance and Area

```
N O I T A C O L P M U I D G P
M J C T H A S E F E A N C D Y
R U Q X H I U T L A G F G T M
K H O L Z G C M K S J I I M M
G M G E A H I K D U V N N Q Y
M E F E U L J E N R R I E Z I
E M L X E V S N H E F T C Y E
Y E C V I N M H T J S Y A R D
X R W O A C R E A G E S P C T
G T G P T S H C T E R T S B V
I X X L E N G T H T H E K Y R
X E O G H P Z A I O T O O F V
L A I N Y H Y R W M D P W Y K
N P N S E R T E M E I F A F P
U G F A H S N L C R W L E X R
```

ACREAGE	LOCATION
ETERNITY	MEASURE
EXPANSE	METRE
EXTREME	MILE
FOOT	REMOTE
HECTARE	SIZE
HEIGHT	SPACE
INFINITY	STRETCH
LEAGUE	THICKNESS
LENGTH	WIDTH
LIMIT	YARD

Headgear

```
C P D R O R E R B M O S H B G
W R E B R A I N H A T Q A J T
D H A M A C R E L O K T T A M
P R Q S T L C L V F H X H Q Q
B A E P H K A E L I D X Y L J
E T P K Y H P C N B O W L E R
F E I H L I E G L B D E R B Y
T E T M P A C L L A B E S A B
S A H E I A T L M B V J K L L
T N H O P E I S I E R A U L I
E A E P M P V E R R T D L I R
T B L N O B Y S D E O A L T T
S R M P R T U O R T E G C N R
O U E F E D O R A B H D A A P
N T T M R H K I G A B J P M N
```

BALACLAVA	MANTILLA
BASEBALL CAP	PILLBOX HAT
BATHING CAP	PITH HELMET
BERET	RAIN HAT
BOWLER	SKULLCAP
CRASH HELMET	SOMBRERO
DEERSTALKER	STETSON
DERBY	STOVEPIPE HAT
FEDORA	TOP HAT
HOMBURG	TRILBY
HOOD	TURBAN

Girls' Names

```
Y R E F Y N R M K U D E C V N
G V D O R O T H Y T S R I K Z
F T O W E K E V E J M Z A P U
F F W N A N L N A R A B R A B
F L E I N M I I I R M C J U D
A E L H N E N C A L O O U L S
E L I O L G A Y N G O M I I E
M I N E T N R M R A I R R N R
S Z D G D W X I P A R B A E E
B A A I K U S F D Q M F A C N
M B C V G E G A S E R E T F A
T E N I L E U Q C A J N S K Q
Z T Y D N E W U K T T T B O R
R H A I R O T C I V X L Q K R
Y W I I V W Y A N E D V Y O F
```

ABIGAIL	KIRSTY
BARBARA	LINDA
CANDICE	MADELEINE
CAROLINE	PAULINE
DOROTHY	ROSEMARY
ELIZABETH	SERENA
FRANCINE	TERESA
GRISELDA	VICTORIA
HERMOINE	WENDY
INGRID	YVONNE
JACQUELINE	ZARA

Geographical Features

```
X Q F R U G H N S G O T S U D
C A J E S Y P W Z R X D W N M
E G N K D X A S N O Y N A C T
P U G A I M I C A N A L T D A
J E W L P S M S V P D U E O T
H L L O A O Z P L O R S R T N
S I F O R C F A O M E L F I T
H W Y R Z Z I W P R M S A A Z
O O C B N N A E T E K T L R O
G L R J R E V I R J N O L T Q
F P Z E E E M Y A U G I Q S G
E P P E T S E R O F S Y V H N
K A S H S R A M J U J S R A X
C N C W R W J Q V B A S I N R
S F G J W Y P U L M D V Q F N
```

BASIN	MOUNTAIN
CANAL	OASIS
CANYON	PLAIN
CAPE	RAPIDS
DESERT	RAVINE
FISSURE	RIVER
FOREST	STEPPE
GLACIER	STRAIT
HILL	SWAMP
LAKE	WATERFALL
MARSH	WOODLAND

Tour of Germany

```
G Q L N N B L W A D B A R P G
T R O T A T P J W E S H B D B
B Z U G S P I T Z E I I W Z M
J B B B N E D A B N E D A B I
C O A B M E R W E R S N O H E
P O D I L A B O K L W S E I H
B I L L N A H E F A R I A M N
L G A O V O L V L K D N Y A N
E H W A G L C C Z E C H A G A
S B R P E N H N L M S A B D M
S I E R V E E B A U F B L E U
A O T R N I E K N R T O E B N
K G S S L R G U U I F T I U I
I J E V G I A B Z T G U K R C
U E W I V T N X M Z K A Y G H
```

AUTOBAHN

BADEN BADEN

BAVARIA

BERLIN

BIERKELLER

BLACK FOREST

COLOGNE

FRANCONIA

HALLE

HAMBURG

HEIDELBERG

KASSEL

KIEL BAY

LAKE MURITZ

MAGDEBURG

MANNHEIM

MUNICH

RHINE

TAUNUS

WALCHENSEE

WESTERWALD

ZUGSPITZE

M Words

```
S K M L C L C P O U M W F J Q
M L F L E S Y M D A J K D D C
N U A E T A R E C A M N E K X
M M D E J Q R A C O U E L U O
J K F D M M W S V B S E Z A M
A T K F Y S D U I K N C Z M E
J G Y X O E S R M E Q B U A E
E L O H P G O E F D L G M R N
O M M P I M A M R E T T U M Y
M H O I C N A E P T P T I R S
C M L N N D I N L B S D C R W
P W E E D U C T M I N I M U M
S B S V Q A S P O X M H M X P
V S T K U A Y M M I L L E R G
S R T L E S R O M N Y I J G Y
```

MACAW	MOISTURE
MACERATE	MOLEST
MAZE	MONDAY
MEALS	MOPPED
MEANNESS	MORIBUND
MEASUREMENT	MORSEL
MILLER	MUDDY
MIMICRY	MUTTER
MINIMUM	MUZZLED
MINUS	MYOPIC
MISTRESS	MYSELF

Spring

```
N M Q P K M O S S O L B I V G
Z M L H A I C Z Q H R A F L N
Z O F R Z G A A R C Z L I E R
W U C L R R S H O W E R S C U
E H T E T A U S C D P E T H W
B N E O I T S Q G A F F N J G
U N O X U I S L W O L L A W S
G H K M H O I G O I G R D C K
S S H F E N C D B G N I R P S
B M R N G N R U N H H Z E C D
E S U E H Y A C I N T H V C U
P O R D W O N S A Z W U D N B
E Q U I N O X E R I O K R D A
V G H D D C L V S F R E S H B
P U R L A P Q F C T G D E M T
```

ANEMONE	MARCH
APRIL	MIGRATION
BLOSSOM	NARCISSUS
BUDS	NEST
EQUINOX	RAINBOW
FLEDGLING	SHOOT
FLOWERS	SHOWERS
FRESH	SNOWDROP
GREEN	SPRING
GROWTH	SWALLOW
HYACINTH	VERDANT

UP Words

```
G F Z E Q C M U P V T Z G D Z
E W Z T U X L O G K Y F E M I
F E T N R O E G N J K I I R H
D L P A O Y N B I H D R X D Q
S L M K V I T O M H Q A E S N
G I I I G R R O O T E D T H J
A N R N C T U L C J N A D E S
G G I I O D D S C E G X S D D
I R S D U I E Y H E T T U A F
B L I Z N T W N D T A Y A R M
K H N G T A I E R I E E O G M
V G G I R A T G R U B N T L S
V Q N D Y F E S H B T N D X E
E G X S I Z X G W T B I P P G
N Q O L X V S P Q X N S W K W
```

BEAT	RISING
BRINGING	ROOTED
COMING	RUSH
COUNTRY	SETTING
DATED	STAGED
ENDED	STAIRS
FRONT	STANDING
GRADE	TIGHT
HOLDING	TURNED
LIFTED	WARD
LOOKING	WELLING

Weapons

```
X D W P T E N O Y A B R D L N
S Y C R D R F M Z J E K F U X
T A Y I A A E I T D D V G P N
Y E B O G E L L N S A E I Q F
S Q I R G J P I F K N K H A C
X J A B E D W S E I E P G A R
O O G S R E L L H S R I L K O
N D E C D O I C T E G S W O S
Z E S I T S A A A Z D T Z O S
Y P S M S M F D Y T N O X Z B
T R A I Q F D Z S V A L J A O
X O M T A E I E D W H P H B W
J T E A R G A S A S O L U E D
T D O R R E V L O V E R E L R
R Q U U I R W C S W O R D Q T
```

ASSEGAI

BAYONET

BAZOOKA

BOWIE KNIFE

BROADSWORD

CATAPULT

CROSSBOW

DAGGER

HAND GRENADE

MACHINEGUN

MISSILE

PIKESTAFF

PISTOL

REVOLVER

RIFLE

SABRE

SCIMITAR

SIDEWINDER

SPEAR

SWORD

TEAR GAS

TORPEDO

Palindromes

```
Q Y I S H S S X V O E N X I D
K A K M U A U N Q A S T L I F
F I I R A D A R E P A P E R R
C X O K A Y A K U Z G X V R S
J O O B U C I L O T A B E S I
S G X P E Z L V N T S F L O U
T H M C R U B I J B E L K L F
A P A T P B D I R R P N O O N
T R D H P N E E R E S R E S X
S T A N S F V C E W E X L T Z
S M M Y F I I P N D E O N W K
P D B U V V W K D Z S X Y Z V
B Y D E I F I E D M O G F U A
J N R C K V R O T O R N S C W
L N W B S Y V S F Q K J I J J
```

CIVIC	REDDER
DEED	REFER
DEIFIED	REPAPER
KAYAK	REVIVER
LEVEL	ROTOR
MADAM	SAGAS
NOON	SEES
PEEP	SHAHS
PULL UP	SOLOS
RACECAR	STATS
RADAR	TENET

Astrology

```
N O O A F Q T G E A W I I C D
V D N W L X P P L E O N I F M
P F R O W I O N E F I T E C S
E R O Z I C D A M M K T Z O O
G R C I S T C E E A L A I N W
M T I O H D C G N N K U R J J
A E R F S A G I T T A R I U S
C O P J Q W Q C D Z S U E N E
H H A L B C F U U E Y S Y C I
A F C L A A A S A T R A B T R
R Q T I E N W P L R B P S I A
T P D G M C E I C V I R G O P
G O J O V E B T Z T D U J N X
Z T O I P R O C S S E C S I P
L N I U A T Z T R C D S R W Y
```

AQUARIUS	LEO
ARIES	LIBRA
CANCER	MOON
CAPRICORN	PISCES
CHART	PLANETS
CONJUNCTION	PREDICTION
CUSP	SAGITTARIUS
ELEMENT	SCORPIO
FIRE	TAURUS
GEMINI	VIRGO
HOROSCOPE	ZODIAC

Breakfast

```
W N R M M B B I L S E U M K O
K S E O T A M O T C G N B K O
D S M O K E D F I S H A M I B
G S S Q K S I U Z L S E U N S
T R Y Z S E J G V W E O P L B
P O A C H E D E G G A D V R Y
X M A P G M K G L E U F E S J
A X A N E T U A E P D A F G W
E D A R W F E F L R D E W L G
T R S N M R R K F F E B I M E
O G X M E A C U T I N E X R E
A B A C O N L U I X N R G Z F
S C R O I S S A N T Q W O H F
T Z M U E N F G D A M J B C O
H O U Z G R H O N E Y H O I C
```

BACON

BOILED EGG

BREAD

CEREAL

COFFEE

CORNFLAKES

CROISSANT

FRIED EGG

GRAPEFRUIT

HAM

HONEY

KEDGEREE

MARMALADE

MUESLI

MUFFIN

ORANGE JUICE

POACHED EGG

SMOKED FISH

TEA

TOAST

TOMATOES

WAFFLE

BIG Words

```
V D V C Z P L R K F L S B H C
E N B I G A M I S T T I W R U
U A B F E X N U C O G Y E Z M
B B I D O D G J H B E H K A K
I G G Y B U S S A N T Y B C T
G I H E B I G N O O Z R I W O
B B A U S I G M R Z N T G Q O
E I N G B T G B I Z S O S B F
N G D A H I G D U G E G P I G
O E T E B I C S I S Z I E G I
S A O L B E M B N P I B N W B
M R L G V U Y H Q I P N D I B
Y E B I G B O N E D C E E G Y
R D E B I G T I M E P J R S G
R E M A G G I B I G B U C K S
```

BIGAMIST	BIGFOOT
BIG BAND	BIG GAME
BIG BANG THEORY	BIG HAND
BIG BEN	BIG LEAGUE
BIG-BONED	BIG MONEY
BIG BROTHER	BIGOTRY
BIG BUCKS	BIG SHOTS
BIG BUSINESS	BIG SPENDER
BIG DEAL	BIG STICK
BIG DIPPER	BIG TIME
BIG-EARED	BIGWIGS

Deserts

```
N V X X F E V E G E N S F K F
A W K D Y E E E R G I E Q R T
R Q U A K T U L E T H S A D S
O Q E D A S G S A B G G A E T
N Z X V R I O O T I R K R A L
O A U P A J K H B E A A A T C
S K K R K J A S A I B L B H D
P K Y A U R O T S B R A I V C
M A X Z M N S M I I D H A A U
I R Y X Y A I L N G U A N L D
S A O M N L L L P A F R Y L S
W H I D C N K K H B A I G E G
N A Y B I L D U A H N J I Y R
M S N U B I A N M T N K K X H
Z N E R P N A T A C A M A J Q
```

AN NAFUD	KARA KUM
ARABIAN	KYZYL KUM
ATACAMA	LIBYAN
CHIHUAHUAN	MOJAVE
DASHT E LUT	NEGEV
DEATH VALLEY	NUBIAN
GIBSON	SAHARA
GOBI	SIMPSON
GREAT BASIN	SONORAN
GREAT SANDY	TAKLA MAKAN
KALAHARI	THAR

Just Desserts

```
Z W J A V O L V A P Z S E O E
A T I R A M I S U I E S Y A A
B A Q B W G L M M L S B K L D
A P S Q A I P E O U A B Y C N
G P P A N K R R O K S R O T U
L L V R I I E M E F T O V E S
I E U N N T A D F S K W K N T
O P P G I E R U A I G N B A R
N I U F R I P P E L W I M P U
E E O C C M M S L X A E L I D
Z R E E A A N T O Z A S J G E
P C H E E S E C A K E D K N L
I O R R B D O O F L E G N A Y
W C C A R A M E L W X J T R F
D Y C E U E C L A I R S M F T
```

ANGELFOOD

APPLE PIE

BAKED ALASKA

BAKED RICE

BROWNIES

CARAMEL

CHEESECAKE

COOKIES

CREAM PASTRY

CREAM PUFF

ECLAIRS

FRANGIPANE

ICE CREAM

MERINGUE

MOUSSE

PAVLOVA

PROFITEROLES

PUMPKIN PIE

STRUDEL

SUNDAE

TIRAMISU

ZABAGLIONE

ABLE Words

```
B K B D T U C S A P W S Z B T
D E H A M A I P A R A B L E V
F Q B Z P Z M F Q N I G T A T
E L G A E Y P A S S A B L E F
E L B A D A E R Q N M O L E C
Y L B V W V R E L I A B L E E
E L E A F O R M I D A B L E L
E C L L N Q X X B N A S L A B
L E B U B E D D O L B B U K A
B S A A J A M I I K A G E I R
A G D B L E T A S R H L N G O
K H N L V S V I E A B X A I M
R N E E E A F S B A B B B Z E
O T B U B I I L N A L L L A M
W I Q F H M E U P E H D E W H
```

AMENABLE	MISERABLE
AVAILABLE	PARABLE
BENDABLE	PASSABLE
CAPABLE	QUESTIONABLE
DISABLE	READABLE
ENABLE	RELIABLE
FORMIDABLE	SIZEABLE
GABLE	TABLE
HABITABLE	UNABLE
LAUGHABLE	VALUABLE
MEMORABLE	WORKABLE

Colors

```
N X B V V V P Y V B N L B M F
C N L T P Q H Z D X N O H N N
O G E G O B Y I E L P R U P J
Y W M Z U D C N D M O M I N B
B W O L L E Y D Y B E G O A J
O W N Y T V T I S S L R Q F N
S T T T R Y I G I C P U A L D
M Y C I A L O O A Q A W E L F
P U B Y M R U M L M N R S N D
L E T U A Q E M A E B P L E D
N E O N R N R R A G T E W E L
X X G U I O I U H U E Q R R T
R E T Z N N S H D C W N S G V
B E I G E C L E B C O X T O V
K D H E D K T A G B T F M A C
```

AMBER	MAGENTA
AQUAMARINE	OCHRE
BEIGE	ORANGE
BLUE	PURPLE
CYAN	ROSE
EMERALD	RUBY
FAWN	SCARLET
GOLD	TURQUOISE
GREEN	ULTRAMARINE
INDIGO	VIOLET
LEMON	YELLOW

Monster Mash

```
A Q A P K C S U K J E L F N K
R I R V S C Y H Y F C J D U I
U N C K A H G B E K R A K E N
S M A U G R O N E L I Z Q O G
N H M Z D O D G I R O C W R K
M C P B G A Z Y G H S B F E O
W U I A H U I A H O T A Z Y N
C H Z L R N L C S Q T E U O G
C I X R I U L D I U Q H H R R
J U S O N F A G G E D O R T E
D Q W G P B O T T V E E L S T
M Q G Y I C N E O Z N O M E T
C U X R E N F A F N S P D D I
D C Y C L O P S P A I U E A R
T U M F S E C R F I I M R C D
```

AGGEDOR

BALROG

CYBERSAUR

CYCLOPS

DESTROYER

FAFNER

FASOLT

FENDAHL

GODZILLA

GRETTIR

HYDRA

KING KONG

KRAKEN

MACRA

MEDUSA

MINOTAUR

NAZGUL

SHELOB

SHOGGOTH

SLEIPNIR

SMAUG

THE THING

English Cities

```
P K K G P B A E R X N I P K D
S D E E L D R O F X O E H B E
R D U P Y O D P D Z T T I B R
D A C O M Q U V J E P R C L B
L G A R O T K C R L M R O I Y
A I M T U R Z B E I A E V V X
T P B S T U O I N S H T E E U
V S R M H R C G K B T S N R H
R W I O O E H U R U U E T P C
E I D U S A G I O R O H R O I
T C G T M M S H Y P S C Y O W
E H E H F T M O V O N N V L R
X R X N O T T I N G H A M I O
E U E L T S A C W E N M I B N
U I N Y V S H E F F I E L D O
```

BIRMINGHAM	MANCHESTER
BRISTOL	NEWCASTLE
CAMBRIDGE	NORWICH
COVENTRY	NOTTINGHAM
DERBY	OXFORD
EXETER	PETERBOROUGH
GLOUCESTER	PLYMOUTH
IPSWICH	PORTSMOUTH
LEEDS	SHEFFIELD
LEICESTER	SOUTHAMPTON
LIVERPOOL	YORK

Fungi

```
B J R E T S Y O N I C R O P A
J B E T O A D S T O O L T Y J
Q G N L D D N F Q S G D R C P
P E T I F T O F E H I I U N C
M B L F P F T R Q I N C M H U
V R C L U T U C J I K F P K P
A O D B E S O R L T C K E N F
L W I I S R M L T A A U T L U
L N R U H H E O X K P X Y A N
A C L A A B D T R E C A I R G
B A R C A M D F N I G A F O I
F P S T I P E W E A L S L C K
F C R T F S I Z R Q H L C B O
U O V O L O P I N G V C E Q N
P M A H P A C T A L F I P P E
```

BLACK TRUFFLE	OVOLO
BROWN CAP	OYSTER
CEP	PIED DE MOUTON
CHANTERELLE	PORCINO
CORAL	PORTABELLINI
CUP FUNGI	PUFFBALL
ENOKI	ROSE RUSSULA
FLAT CAP	SHIITAKE
FLY AGARIC	STIPE
INK-CAP	TOADSTOOL
MORILLE	TRUMPET

Physics

```
S H B T P N C E A B S Z B H U
N Q Q P S A L V L K R A U Q N
U E I I W E R G E Y L D C O E
K Y W E C W P T F L Y I R Z G
H P D T V V M U I N O T U L P
E R R S O I Z S A C S C C C E
C O L A Y N T M Y Y L A I I H
N T E N X I I C L P T E N T T
E O E G C C Q K A A O S I E Y
I N O S S C Y C L O T R O N N
C U O T Z X Z Y E E I G T U P
S O I R F I S S I O N D C N K
G N V O J T A N C G R L A A E
A T O M S V O L T M E T E R J
E L N I J D B D Q I N A H W S
```

ANGSTROM	KLYSTRON
ATOMS	NEWTON
BALLISTICS	NUCLEI
CATALYST	PARTICLE
CYCLOTRON	PLUTONIUM
DYNAMICS	PROTON
EINSTEIN	QUARK
ELECTRON	RADIOACTIVE
ENTROPY	SCIENCE
FISSION	VELOCITY
IONS	VOLTMETER

Scandinavian Tour

```
T Z W Z W Y K N Q S E W S K N
T R X M A M O H D N A L N I F
X G K W C M O G T X A O D K A
W Q R G R E Y K J A V I K N K
M O A E S C I T L A B S G I A
N S M C E K U R T E T O V S R
K T N U O P A N Z A T R K L C
D O E A A P A G I H A O J E T
N C D E J J E C E N R H L H I
A K I K O X E N H R L Z A S C
L H F K K L B W H T R O M S O
P O U A A U T R V A R A T L P
A L D N R E N N A V G O K N E
L M D G F K Y S W E D E N O I
X P S P I T Z B E R G E N W O
```

ARCTIC	NORTH CAPE
BALTIC SEA	NORWAY
BERGEN	OSLO
COPENHAGEN	REYKJAVIK
DENMARK	SKAGERRAK
FINLAND	SPITZBERGEN
GOTHENBURG	STOCKHOLM
HELSINKI	SWEDEN
ICELAND	TROMSO
LAPLAND	VANNERN
NARVIK	VATNAJOKULL

Water

```
P J M K S L Y J L X L B U O R
P G E I I N I A T N U O F Z B
G U S H I N G T N E R R O T W
H A T P Q L W P H I N E L J U
O H U C I L U A R D Y H L P I
T G A S A R O R T G S O A V S
W Z R R J R R O N E B L F N L
B X Y I X S A I P G R E N H M
D H X V A V W T G L N F I Q H
J N A E C O E N A A R I A B C
L G C R L L I G S C T I R L I
Y A P F P H O T U I R E H P L
T T N O T Y S I Z L T U M W S
B T R A K Y I S T R E A M E W
H D B I C S E S P U D D L E V
```

BATHING	IRRIGATE
BOREHOLE	OASIS
CANAL	OCEAN
CATARACT	PUDDLE
DELUGE	RAINFALL
DROPLET	RIVER
ESTUARY	SPRING
FLOWING	STREAM
FOUNTAIN	TORRENT
GUSHING	WATERFALL
HYDRAULIC	WHIRLPOOL

Musical Instruments

```
O O R Q S P S C G Z Z N B H T
F E O H S N U C Z U Q N P X I
I O C L A R I N E T I E S M K
V B A S S O O N H L T T Z B X
E O R T O X O A O R Q E A E F
N G I Q A H R I O T A P Z R X
O I N D P M V M F C I M M Y C
H H A O O B B H C A E U R L F
P U L N X O J O N T I R E R F
O Y I O N H R O U N L T D E E
X C G E P D O L O R H O R N A
A J U A I Z F H K Z I K O R J
S N V O A A P R A H E N C K O
G I N F M U R D E L T T E K Q
W V U K E L E L E P Z H R O B
```

ACCORDION

BASSOON

CLARINET

EUPHONIUM

FLUTE

GUITAR

HARMONICA

HARP

HORN

KETTLEDRUM

LYRE

OBOE

OCARINA

PIANO

RECORDER

SAXOPHONE

TAMBOURINE

TROMBONE

TRUMPET

UKELELE

VIOLIN

XYLOPHONE

Bible Characters

```
C M L G N I L L T R O R J P V
B R R H A J I L E I N A D H R
L D C D W B W P X H B U I V L
I C A Q Q I R B A R A B B A S
Q M T W M Q A I A T J H Z B M
M F J E B O R H E I S A A C Z
H A M P G A A P N L R O C K U
C G O I H M G D Z U D N Y O M
O L S C I S A M S O N T M D B
V I E Q C V Q C R B J D A M Q
S Z S U I N U E P E T E R Z S
O Y C D M I H S S P V R Y Q G
N R H L U A P U H O Z E O B L
D D E X H C S Z K S A J K I Z
Q D V I R J N D T O J L O G C
```

ABRAHAM	JACOB
ADAM	JESUS
BARABBAS	LAZARUS
CAIN	MARY
DANIEL	MOSES
DAVID	NOAH
ELIJAH	PAUL
EVE	PETER
GABRIEL	SAMSON
HEROD	SAMUEL
ISAAC	ZECHARIAH

K Words

```
W M N N Q Y C W B B X N Y O W
K O N I L J C T E Y A N P B T
E D T O T O Y K K T K P G N C
Y G Z W T A U E F L R X Y E P
H N D C O O R A G N A K D T N
O I D E D K K E O J C E Q E N
L K Z L L N A C K U P T T X D
E V I B I W K S T P K T S I E
K K T B E E O N A I I L O T K
A V Q O D J E N T K M E Y I C
N X F N E K D C K G K D G A O
S K O K A I H I B T I R I W N
A K L Y K E T C H U P U T U K
S I A W N W Q T A U Q M U K L
I K I S S C Z M A Q K F R M F
```

KAFTAN	KISS
KANGAROO	KITCHEN
KANSAS	KITE
KAYAK	KITTEN
KENTUCKY	KNOBBLE
KERATIN	KNOCKED
KETCHUP	KNOWLEDGE
KETTLEDRUM	KOWTOW
KEYHOLE	KUMQUAT
KIDNAPPED	KUWAIT
KINGDOM	KYOTO

Egyptian Deities

```
G K G J N V H R W R U E Y P X
V G T A W E R E T V K N Z E Y
D A L J F T P R O H T A H N C
V A V X H J R H W E O J F W I
U E T E F E N E T A D X Z P R
H K U T W S I S N H T E S E M
H E M S Q Y A U M E Y O G T N
I T K Q J B B I S M N S C O E
Z W O O S I R I S E E U M H N
R X U H S D U Q T R K A T R O
W Z P I T M A L E A C H B E G
I D S J L I P M P G A G M F T
T U C S D V E T N F E M C E D
A S P J Q I A N E E D P M N T
C S N Y V H H P R Z X I I U N
```

AMON	NEPHTHYS
ANUBIS	OSIRIS
BASTET	PTAH
GEB	QUDSHU
HATHOR	RENENUTET
ISIS	RENPET
MAAT	SEKHMET
MERESGER	SETH
MUT	TAWERET
NEFERHOTEP	TEFENET
NEITH	THOTH

La France

```
L M O K W F T O U L O U S E M
P A R A O R L E A N S N M V C
W S A N O R M A N D Y A P X B
Z S M V I C V J C G D A C O M
E I F F E L T O W E R U R P P
E F R W V C K C R I S E C J D
E C J H C X H T S E C M V I X
U E E W O A O A I Y O N J U U
G N S O S N L N M N G O O N A
R T C Q B J E A T P N Z U F E
A R A E H N F B I Q A D J W D
M A R S E I L L E S C G L M R
A L G P G A Q U I T A I N E O
C L O O N D B O U L O G N E B
D U T C H A N T I L L Y T K Z
```

AQUITAINE	ESCARGOT
AUVERGNE	MARSEILLES
BORDEAUX	MASSIF CENTRAL
BOULOGNE	MONT BLANC
CALAIS	NORMANDY
CAMARGUE	NOTRE DAME
CHAMPAGNE	ORLEANS
CHANTILLY	PARIS
COGNAC	RHONE
DIJON	SEINE
EIFFEL TOWER	TOULOUSE

Animal Heroes and Heroines

```
W E M P M A R T S O I K N E O
K K W S K I P P Y B T G R Y I
C N R C D X C U M X Y E R U P
T W I S H B O N E B W U Y T A
S L N L R E P P I L F Y H Q O
F N T B T N E V O H T E E B B
M X I E H O Y T S U D I R Z G
I J N E B J L I A A E S C O B
N B T M G A L E L H R S U P A
J O I U H V B Z C E M A L T B
Z L N R E K S R G N S L E G B
H A G R C H P G Q E A P S X R
J C H A M P I O N M E L A S L
I L L Y Z R L J E U R X D J N
R B M N T E M O C K E Q G H H
```

BABE	LANCELOT LINK
BEETHOVEN	LASSIE
BENJI	MR ED
BLACK BEAUTY	MURRAY
CHAMPION	RIN TIN TIN
CHEETAH	SALEM
COMET	SILVER
FLICKA	SKIPPY
FLIPPER	TRAMP
FURY	TRIGGER
HERCULES	WISHBONE

X Words

```
M P K N Z L E N O H P O L Y X
K E Y N R T T X Y L O P I A C
Q R L N A L Y X S I Y X N D A
U U A Y G S H S K N Y T G X M
N U I N X Q P K X L H Y E Y S
B Q N C O U O E E I S R H I O
H I E T A N R N U A O P S P L
T Z X K O O E M G G A O E G Y
I I E W P X X X R R H B X N X
L N N H P X H A G T Z T R I K
O C I B O H P O N E X Q E Y L
N L C S D H L A S A W K X A Q
E X U N I Y X E N A R T H R A
X N S C X Y L O C O P A Z X O
Y A G V S C N X I V B N Z G L
```

XANTHIUM

XANTHOSIS

XENARTHRA

XENIAL

XENICUS

XENOLITH

XENON

XENOPHOBIC

XEROGRAPHIC

XEROPHILE

XEROPHYTE

XERXES

XHOSA

X-RAYING

XYLAN

XYLEM

XYLENE

XYLOCOPA

XYLOGRAPHY

XYLOPHONE

XYLOPIA

XYLOSMA

Knots

```
B F T O N K K C A S M N X R T
O T K Z A D O G S H A N K G N
W H C T I H E V O L C N T R G
K T D H L G Z O A L A O I A G
N H R C K J Z R A H N N D N D
O U A T N R I A S K G N I N E
T M W I O A U P G H E L E Y H
M B K H T A E A I B S B E K A
H K N L E E B T H R R S V N L
X N O E H C C S A O P A J O F
B O T S C H I J H L G E I T H
P T T S I M H C I J J J Y D D I
W M B O E G N C B O A K N O T
W V F L L A E P E G K N O T C
G D F E N I L W O B K O O N H
```

ANCHOR BEND	HALF HITCH
BAG KNOT	JAR SLING
BOA KNOT	LARIAT LOOP
BOW KNOT	NAIL KNOT
BOWLINE	OSSEL HITCH
CLOVE HITCH	PEG KNOT
DOGSHANK	RING HITCH
DRAW KNOT	SACK KNOT
EYE SPLICE	SHEEPSHANK
FLEMISH BEND	THUMB KNOT
GRANNY KNOT	ZIGZAG BRAID

Puzzled?

```
O W J G D S G N I V L O S R Q
R G I C G Y O X O S F I E G C
Q L G E M N S S O A C S N K M
N U W U O Q E L I M A Z E K U
X G O G L D I F F E R E N C E
T K R T O Y G L T S A W E R R
T A D C E N P N O R C K S O U
M W W A C S I S I Q R N Z S G
L G H C R A E S D R O W C S I
K C E V R L Q J O I S I S W F
C M E B Z S J G T N T G V O M
E L L Z A E C U G P I N C R U
Q I U F M X L Z Y R C M L D R
L P O E M O K R W C I G O L W
S H U Y S B C U S C A D Q D D
```

ACROSTIC	JIGWORD
BOXES	LINK
BRAINTEASER	LOGIC
CLUE	MAZE
CODES	NONOGRAM
CROSSWORD	PUZZLE
CRYPTIC	QUOTES
DIFFERENCE	SOLUTIONS
DOMINO	SOLVING
FIGURE	WORDSEARCH
GRID	WORDWHEEL

Shopping List

```
S A L A D J X M F X C K C A Z
C S E Q A T I U R F H S E R F
H C E R E A L S Z S S I C F X
G O E Y R D I C P N T C I E X
D F S O B S O A O H I E U I G
D F E S U D G I E P U C J D K
M E O E D H N G O M R R E E Y
G E T O E O I R E M F E G S K
C B A T B A K E D B E A N S K
B T T A D C O U H A P M A E J
D I O M H S O P Y C A I R R O
P Q P O T M C U D O R L O T M
A Y P T T K W O B N G K A S O
W S M O O R H S U M A E B V U
Z E A Y E R D V Z H M Q R R K
```

BACON

BAKED BEANS

BREAD

CEREALS

COFFEE

COOKING OIL

DESSERTS

EGGS

FRESH FRUIT

GRAPEFRUIT

ICE CREAM

MEAT

MILK

MUSHROOMS

ONIONS

ORANGE JUICE

PORK CHOPS

POTATOES

SALAD

SOUP

SPAGHETTI

TOMATOES

Fairy Stories and Rhymes

```
O U W M A R G E R Y D A W P X
R A P U N Z E L O C G N I K A
M I S S M U F F E T Z R L Z Q
O L S I N B A D A B E E L S N
I U P Y M L T C Z K A L Y K E
H C U E I P Y D C L I L W C E
C Y B Z T S L U L J L I I O U
C L C O S E T E D L V M N L Q
O O E U P Y R N S H Y Y K I W
N C P O M E A P V I S L I D O
I K K M D K E J I R M L E L N
P E O N C V R P J P D O V O S
U T I A B A B I L A E J N G X
U C J A C K H O R N E R U G B
J A C K S P R A T N E H D E R
```

ALI BABA	MISS MUFFET
BO PEEP	PETER PIPER
CINDERELLA	PINOCCHIO
GOLDILOCKS	PUSSY CAT
JACK AND JILL	RAPUNZEL
JACK HORNER	RED HEN
JACK SPRAT	SIMPLE SIMON
JOLLY MILLER	SINBAD
KING COLE	SNOW QUEEN
LUCY LOCKET	TOMMY TUCKER
MARGERY DAW	WILLY WINKIE

P Words

```
M A Z K C B C Q E E N P I W N
Y R P L K I I J L L V R B O J
R K O T F R N U D D V E H Y E
P E S F V P A C C D P T I P P
L H T O R R P A I A Y T H E A
A L U N U E E D C P F Y P I T
C J R A I V P I C B S A R X T
E I E P U A F I I I S E E I E
B W M R Z I P M C T L P A P R
O M S E C L B I U B L R C I K
J S I S D I A R A A T E H X H
V A Z S T N E R N R B T E W Y
G C U U T G A E O I L Z R C I
Y W O R K P N P Q N S E A K S
J S G E X Z O T E P Y L O N P
```

PACIFIC	PIXIE
PADDLE	PLACEBO
PAINTER	PORTRAIT
PANDEMIC	POSTURE
PANIC	PREACHER
PARABLE	PRESSURE
PASTURE	PRETTY
PATTER	PRETZEL
PERFORM	PREVAILING
PHYSICIAN	PYLON
PICNIC	PYTHON

Kitchen Stuff

```
E A C L W O B R A G U S B C U
P P B O S P T C U T I D A E X
U A C N F U P I E D I S H R A
C R E L N F G F V N S L F E O
A I T A N S E A N E L W I A T
E N A D E S S E R T B O W L E
T G L L C Z R O C T L B S B A
E K P E D P L O L U O G P O P
A N A A L E F W A T P N H W O
S I E A D F O L H K V I G L T
P F T I E B U K F T S X H S M
O E S E P T N A P G N I Y R F
O H P U A D J O W R J M H W B
N O O P S P U O S K D X M W U
T S S Q E E Y E V E Y S O E X
```

CASSEROLE DISH	SOUP BOWL
CEREAL BOWL	SOUP SPOON
COFFEE CUP	SPATULA
COFFEE POT	SUGAR BOWL
DESSERT BOWL	SUGAR TONGS
DINNER PLATE	TEA PLATE
FRYING PAN	TEACUP
LADLE	TEAPOT
MIXING BOWL	TEASPOON
PARING KNIFE	WHISK
PIE DISH	

Pokemon Characters

```
G G M T E S Z X D J V H Y X F
F N O M M W E R U A S Y V I B
F C U L A P A L H U Q D W P S
T W D T E Z G V B B W P M L Y
E D O B I M A L E A X R I U H
N L D R H K A K R D F Z Z V X
T S A D V S C C A I U E P Z K
A H P K T H A I Z L N D L R I
C I R O A N G L L G A C O C E
R X I A I B E N S N A K E E X
U S S N U Q U S O D A R A Y G
E X E G G C U T E G N R B V U
L Q E G F R Y K O E W A B O F
U S L U H C A K I P U E S A K
V A A W G P G D W F S N D G D
```

ABRA	GEODUDE
ALAKAZAM	GOLEM
ARBOK	GYARADOS
ARCANINE	IVYSAUR
BLASTOISE	KABUTOPS
CHARIZARD	LICKITUNG
CLEFABLE	PIKACHU
DEWGONG	SANDSLASH
DODUO	SEEL
EKANS	TENTACRUEL
EXEGGCUTE	VULPIX

Under Arrest

```
D P J N H M O M F D O C T K C
E V P J M N L F E X T C K N F
I A J R O U U T T V N W H Z C
S P E S B C A P T U R E G H C
T P I G D I U C I S N A E X F
O R E N N R R I Q C J C L C C
P E A W R Z E B M Y K F C A H
F H W E R H S H M D D U R T S
I E T C U R T S B O A R P C M
L N R R Q N R T G T E Z A H O
I D S U A O A A B S N U N O F
A E T R C Q I Y T U G E J L J
J L R V K E N L S C A E F D N
B A Y U E J S D I J G W A T A
W Y L E B B X E Z I E S B D M
```

APPREHEND	INTERRUPT
ARREST	JAIL
CAPTURE	OBSTRUCT
CATCH	PICK UP
CHECK	PRISON
CUSTODY	RESTRAIN
DELAY	SECURE
DETAIN	SEIZE
ENGAGE	STAY
HANDCUFF	STOP
HOLD	WARRANT

Famous Artists

```
J C R Y Y C L E H G E U R B T
L O I G G A V A R A C K I D O
A N G E T N A M F I F L N T Z
C O N S T A B L E N H A T U E
B N I E B L O H Z S R E E R U
L O M M T E E L K B R U N N Q
L D T A H T T X M O E P N E S
A B T T M T P E T R N I A R A
G P Z I I O R N L O O G Z F L
A R Q S Q C I T W U I E E C E
H N H S A T E E L G R E C O V
C O L E G N A L E H C I M R P
F F N B J R O L L E T A N O D
Z D M D A V I N C I J J Y R N
A B M G Q X V A N D Y C K X I
```

BOTTICELLI	HOLBEIN
BRUEGHEL	KLEE
CANALETTO	MANTEGNA
CARAVAGGIO	MATISSE
CEZANNE	MICHELANGELO
CHAGALL	REMBRANDT
CONSTABLE	RENOIR
DA VINCI	TINTORETTO
DONATELLO	TURNER
EL GRECO	VAN DYCK
GAINSBOROUGH	VELASQUEZ

Dickensian Characters

```
J D H A A D B Z E O T N E Y X
J N M C Y D G U H Q W N L M A
S T R Y V E R I L G H C F Y L
G A S N Q L N Y E L R A M A J
Q S B I L L S Y K E S I I J I
M X Q P W Y E I G M T E T L J
G N C M Q T F O R M O I Y G L
I I I I T Y R K A A O W N E K
S F T K L C E E C G T N I Z W
B F O S V N D K V W F I T D V
Y U T E W A T I P I P L F N J
D V M I D N R M D T L D P I Q
P T G B Q D E S S C R O O G E
U S C Z L W N I O H B C T A X
R Y A G R E T L A W G O T F I
```

BILL SYKES	PIP
BULL'S-EYE	POTT
BUMBLE	ROGER CLY
CODLIN	SCROOGE
FAGIN	SKIMPIN
FRED TRENT	SMIKE
MAGWITCH	STRYVER
MARLEY	TINY TIM
MR KENWIGS	TOOTS
NANCY	VUFFIN
OLIVER TWIST	WALTER GAY

Famous Golfers

```
B Y Q S B T Y M C V O M I U L
L P N L O C D D Q K Y R U F N
X T A F I R B I K R E Y A L P
U R M H A E E I G G O M E T H
V A R N D N C T N Z K I N U S
H W O O D S F I S B R H I W E
N E N S N H Z R I E W X C I L
L T F Z E A A D M R L A K K P
X S S Z G W O O E F W L L B U
S U T T O N G L A B A Z A L O
I Q M K R T D J D I D R U B C
N E U H N A T V U E K F S M A
G J P O T K N I P R I C E F G
H C M S R H K G L A N G E R U
K P F G S X H N E L S O N S W
```

AZINGER	OLAZABAL
BALLESTEROS	PLAYER
COUPLES	PRICE
CRENSHAW	SINGH
FURYK	STADLER
LANGER	STEWART
LEONARD	STRANGE
MONTGOMERIE	SUTTON
NELSON	WADKINS
NICKLAUS	WEIR
NORMAN	WOODS

Greece

```
A R H O D E S I N Q L S A P J
Z Y E S Q N K S C C U Z X N O
K T H T E S I L O P O R C A R
A V Z H T S I A M X J Q K P Y
P N T H A Q E Y K E A Z P E K
Z A I V C P L N E I R N N Y C
U I O S S O H T A T N U O M E
R N F H T Y R R E C E O B W S
U I O N X E A I O D E R L K O
G R U G N N R R N D R D C A S
E O Z V I R F I C T I N O X S
M T O G A U I R J J H T R D O
N N E Z Z I V K U A E G E A N
P A R A K A L O L L O P A C K
F S U E A R I P L A K A Q W L
```

ACROPOLIS	MOUNT ATHOS
AEGEAN	MOUNT OLYMPUS
AEGINA	NAXOS
APHRODITE	OUZO
APOLLO	PARAKALO
ATHENS	PIRAEUS
CORFU	PLAKA
CORINTH	RETSINA
CRETE	RHODES
DODECANESE	SALONIKA
KNOSSOS	SANTORINI

Q Words

```
Q M V P M N D V H E E Y M Z J
P Q Q U A N T I T Y C V X T U
V E Q U E L L I N G V N R R A
Y L F G I Y Q G X A P J I A U
N B E E K C S U D E T S E U Q
E B Q R L U K A A W F R I Q Q
E I I Q D N A S K C I U Q X Z
U U Q U P I P J I M K J S B Q
Q Q U A D R A N G L E U W S Y
L U E F H V G A F L V A R T N
Q A S F D I U B N E T E I U Q
F I T I K Q E I J Q Q L R D J
K N I N E S R E T R A U Q F Z
X T O G N I Z Z I U Q I Y Y T
L Z N X T L I U Q U I N T E T
```

QUACK	QUESTED
QUADRANGLE	QUESTION
QUAFFING	QUIBBLE
QUAGMIRE	QUICKSAND
QUAINT	QUICKSILVER
QUALITY	QUIETEN
QUANTITY	QUILT
QUARTER	QUINCE
QUARTZ	QUINTET
QUEEN	QUIRKY
QUELLING	QUIZZING

Scottish Tour

```
S O E C A F N L Y C W V Y B L
P I E E D N U D R O M A I C L
D S W F B P N G G O V Q K O A
N T K E I A C S R I P N C I W
A I F O L F A A E Q X H X O K
L R Y H X L Y M P B N X X K R
T L G S G F O P Y E N K R O I
E I M T I R K A S N W C S K K
H N N R E S U S B N B R O I P
S G T A O G L B W E T O A N L
Z H E C F O N A N V R V S T S
F O E H S A M C Y I N D V Y H
L P U U R U K N B S D E E R J
H A T R M O N T R O S E G E F
R Y A O V Q I G R A M P I A N
```

ABERDEEN	ISLAY
ARRAN	KINTYRE
AVIEMORE	KIRKWALL
BEN NEVIS	LEWIS
CAPE WRATH	LOCH NESS
DUNDEE	MONTROSE
EDINBURGH	MORAY FIRTH
FIFE	ORKNEY
GLASGOW	SHETLAND
GRAMPIAN	STIRLING
HIGHLAND	STRACHUR

Capitals of the Americas

```
R T D O G A I T N A S A C F J
J J X C A Y E N N E X B A H N
Q F A W A T T O R D B S R S Z
C D N O T G N I H S A W A L K
L O N L A P A Z C N D N C A A
O P E W H S H N S O J Y A I U
A B A D O B A A A O C L S B G
Y L I N I T L N S V T I J N A
X I E R A V E E J U A I X D N
L U F N A M E G N U N H U E A
B I S D I M A T R H A C P Q M
L B O G O T A C N O I N I P I
P R M J T L I R I O E H W O L
I B R A S I L I A T M G M V N
Z L F Y H B X A K P Y N K P P
```

ASUNCION	MEXICO CITY
BOGOTA	MONTEVIDEO
BRASILIA	OTTAWA
BUENOS AIRES	PANAMA CITY
CARACAS	PARAMARIBO
CAYENNE	QUITO
GEORGETOWN	SAN JOSE
HAVANA	SAN JUAN
LA PAZ	SAN SALVADOR
LIMA	SANTIAGO
MANAGUA	WASHINGTON DC

Boys' Names

```
I W Q Z E L U J E K W J B S E
O R W Q R R N P S E W E E U U
I R C O N R A D H P L A R Z N
C G T Z E A I T S I Z J X X D
L H T W I L T M E J L N E I X
T Z I B W A S A R Y K I J Y Y
T V L B M N I I R L F A P F D
K K A N X Q R L U Z M L N E A
I M U D L N H L S E S O A O E
R V F R A N C I S T T S I G K
K E I H L M X W E D W A R D U
M C T N Z O I P L L P O B A L
D A X E C W H X L H E N R Y K
N T F V P E J X U G K K W A M
G Z L W N N U R S F Z G B U Q
```

ADAM	LUKE
ALAN	MATTHEW
BRIAN	NATHAN
CHRISTIAN	OWEN
CONRAD	PETER
EDWARD	PHILIP
FRANCIS	RALPH
GEORGE	RUSSELL
HENRY	STEPHEN
JAMES	VINCE
KIRK	WILLIAM

Hard Words

```
H D N O M A I D M V F W T G I
B E L J G N I D L E I Y N U Q
T L U C I F F I D F K I A U P
P F U Z B D P G Y C S M T Z F
U W I F G O E I O I V P S L Y
S G A R I Z S R M K P E I H W
L N B Y M C T O U Y Y N S K I
A I H P X N R N R O T E E C B
B L V P I P E E R Y M T R G O
O E R R M K N S M O M R B R Y
R E T O E V U H S N B A A A L
I F C D I L O S Y E U B N N E
O N E T A R U D B O P L U I E
U U W Y O N S E V E R E H T T
S S E N D R A H Z V D I A E S
```

ARMOURED	RIGID
DIAMOND	ROCKY
DIFFICULT	SEVERE
FIRMNESS	SOLID
FLINTY	STEELY
GRANITE	STRENUOUS
HARDNESS	STUBBORN
IMPENETRABLE	UNCOMPROMISING
LABORIOUS	UNFEELING
OBDURATE	UNMERCIFUL
RESISTANT	UNYIELDING

Languages

```
C X V I N B T D V X B J J H W
Q N A M R E G E K I B O D S B
O Q F I N N I S H U H C H I F
H H V C M G T E R W R I B D R
S J T N W A Y M J Q P D T E E
I Y U Y A L S A L O G N I W N
K D Q B I I P N R C R A M S C
R U S S I A N T A H E L A L H
U T D R N O U E S A E E N O S
T C J E O G E I M P K C D F I
D H S L U K L V Z R A I A U N
X E L E A G L Q K J A N R R A
U A S K N M N A I L A T I F D
W E W E W E W F C H V A N S A
C Y F D O V G T H A F G M E H
```

AFRIKAANS	ITALIAN
ARMENIAN	JAPANESE
BENGALI	KURDISH
DANISH	MANDARIN
DUTCH	PORTUGUESE
ENGLISH	RUSSIAN
FINNISH	SPANISH
FRENCH	SWEDISH
GERMAN	TURKISH
GREEK	VIETNAMESE
ICELANDIC	WALLOON

Snakes

```
G U Y L V U R U T U M A M B A
P B O O M S L A N G D W K L K
B B B E H P I W L N E E G R K
L S E L G P O G O P K N A P S
A I I C A R D C E A R I R K B
U D K N B C A P N O T A T C T
E E D G E N K S C P I I E O H
C W N E A G E T S R U V R P X
J I Z F R L S S I S B G S P C
K N Y N T O G E V G N O N E U
T D Q T H A K E M I E A A R W
E E A G H I N B A S P R K H I
Z R T B N O H T Y P S E E E D
Q Q Q G M W U D B C O B R A E
Y P F X Q K U C R M H I S D K
```

ADDER	KING BROWN
ANACONDA	KRAIT
ASP	MAMBA
BLACK TIGER	PRAIRIE KING
BOA	PYTHON
BOOMSLANG	RATTLESNAKE
COBRA	SIDEWINDER
COPPERHEAD	TAIPAN
GARTER SNAKE	URUTU
GHOST CORN	VENOM
GRASS SNAKE	VIPER

Tea Time

```
G F I M T J N M K N V U W L N
R F U A N A H A P U T A L E O
E U T S I R A T N A P U R A L
E M V S M A V C H D Z I B W Y
N O S A R Q T H O Q X E H O E
T U K B E K Q A E E M N U H C
R S R E P S G U R O G I N C A
X S E T P N P J T U K M A G M
D A R J E E L I N G T S N N O
E A L S P L G P D H S A N I M
Q N N L N I O N F E D J M N I
O I M N U W I L A D R E O G L
G H V T D D A Y E R G L R A E
W C C E L H A T C L O T E B F
B S R C C C I B I J Y V X G Q
```

ASSAM	HAPUTALE
BADULLA	HUNAN
CAMOMILE	JASMINE
CEYLON	MATCHA UJI
CHINA	MATURATA
CHUN MEE	NINGCHOW
DARJEELING	ORANGE PEKOE
EARL GREY	PEPPERMINT
GINSENG	RATNAPURA
GREEN	RUSSIAN
GUNPOWDER	SPIDERLEG

Swiss Tour

```
N U Q W K V Y U I K S H O G Z
I H C I R U Z C P L O K N Y J
T A B N R U H T O L O S I D B
Q O N T B F W H B U N Y C R E
L J N E M O N T R E U X I U R
J S G R S R O L L O I E T A N
G U R T A U M L I S N W G G D
Z C A H Q C A U C Z T H A R L
W S U U M G O H I U E X R A U
K I B R T P W L F N R X U A C
S A U K M Y L J F F L S J J E
C L N F Z N E U C H A T E L R
W A D F P N S V A N K H Z Z N
S V E V E Y A A N N E L C Q E
G E N E V A B E E Z N A E S E
```

AARGAU	MONTREUX
BASEL	NEUCHATEL
BERN	SANKT GALLEN
BRIENZ	SCHAFFHAUSEN
GENEVA	SCHWYZ
GRAUBUNDEN	SOLOTHURN
INTERLAKEN	TICINO
JURA	VALAIS
LAUSANNE	VEVEY
LOCARNO	WINTERTHUR
LUCERNE	ZURICH

On the Farm

```
M A N R D C M W H F W C D A R
D T W X E M S O R L S P A O Z
B L C O K S F U R L I S I S Y
V N A E N O I T A G I R R I S
D I T C H T F L H S B V Y L F
N V T J T D D A I R H L S O M
W X L R L P Z S R T Y P H Z Z
F N E E E S U O H M R A F J G
L E I P M A N U R E H E H L Q
S F Y P O N D E A M R A F W Q
H D E O Q V X C K W X A N O N
P E E H S F E N K C R R D D U
P O S H Q H A E Q M I Z P A B
L T D N S D A F E U Q H I E J
H Y I C Y B A R N M B E C M H
```

BARN	FRUIT TREES
CATTLE	HAY
CHICKENS	HOPPER
DAIRY	IRRIGATION
DITCH	MANURE
FARMER	MEADOW
FARMHAND	PIG
FARMHOUSE	POND
FENCE	SHED
FERTILISER	SHEEP
FIELD	SILO

Indian Restaurant

```
G O S Q T J B F L D X U D C S
O J I J A H B G A S I A H H A
P O T X R Z E L V B L A E R K
A R L O G Q O Q N L P E E F K
P H A A S O M A S A K E G O I
A M R W G V N O T K J O M F T
D N T O N A U I E O R D E A B
O S B M M P S B O M A A C J M
M I A E F A A L T N G M I S A
O K E G R B A L Q L B Y R T L
C K H D P N T O A X R H U O A
X K A S H A M E E K E B A B K
V M Q H V I N D A L O O L J L
F B I R I A N I U E Z W I Y I
Q P N O A H T A R A P S P G G
```

ALOO GOBI	PARATHA
ALOO JEERA	PILAU RICE
BIRIANI	PRAWN PALAK
CHAPATI	RAITA
DALL SOUP	SAG ALOO
KEEMA NAN	SAG BHAJI
KORMA	SAG PANIR
LAMB TIKKA	SAMOSA
MADRAS	SHAMEE KEBAB
ONION BHAJI	SHEEK KEBAB
PAPADOM	VINDALOO

TEN at the End

```
Z X J W U R O T T E N N J C Y
W T X H B Y J J Y N E T S A F L
Q N N E T T I M T Q F N N L G
W E E A V X K A S O X E N I R
N T T T Y P E W R I T T E N A
E S R E A R E E L A N H T E I
T I A N H E S C E E E G S T D
T R M T T H H B A N T I I H V
I H S E O N W T E G A A L G L
R C N R L O E T O U E R G I K
W Q T L R N E T G M B T I L Q
D E K B R I G H T E N S J N D
N S F S U P P J E A U Z Q E C
A G L Q U N E T T I B T P F Q
H C S K V X G X T I O H R P M
```

BATTEN	MOTHEATEN
BITTEN	NEATEN
BRIGHTEN	QUIETEN
BROWBEATEN	ROTTEN
CHRISTEN	SMARTEN
ENLIGHTEN	STRAIGHTEN
FASTEN	SWEETEN
FORESHORTEN	THREATEN
GLISTEN	TYPEWRITTEN
HANDWRITTEN	UNBEATEN
MITTEN	WHEATEN

O Words

```
E W X V P A A K A H P L M L M
O B L I Q U E R U T R E V O O
P O Y U K Q J Z E L C A R O P
T S S E R G O D R D G T Z E P
I S G U V G T O R C H I D T O
M W O R O M N I V O R O U S R
U N D A C R K A D H O U C A T
M O D D C E E O M F H I C C U
L I M K A G N N F S L S Z T N
S T E U S T K E O L R X V U E
B A N L I O R N A T E A H O H
N V T C O I E T A R E P O M C
H O S H N F O R C H E S T R A
P C I G W R E K R O W T U O T
Q O E J R X X W K N V P O N T
```

OARSMAN	OPTIMUM
OBLIQUE	ORACLE
OCCASION	ORCHESTRA
ODDMENTS	ORCHID
OFFERING	ORNATE
OGRESS	ORTHODONTICS
OHIO	OSCILLATOR
OMNIVOROUS	OUTCAST
ONEROUS	OUTWORKER
OPERATE	OVATION
OPPORTUNE	OVERTURE

Shades of Yellow

```
C O W V W B G Y I J C O R N S
H P R I M R O S E Z E D E U A
R G E P N C E Y P C R R B N B
O A M A I Z E Y G Q H P M R Y
M E X G A M B O G E C P A E R
E X C Z U Y E G G Y O L K W T
K Z A S Q A L N X L L E P O N
W D N L U Y N O T I K D O L J
V S A O F O Z H P D L R R F C
W E R E R Q H R G O A A G N H
A L Y F X B E T G F G T C U A
R P F W Y T R D N F V S Q S F
T A F E A N L N D A D U L G O
S N Y C N O M E L D X M Q Z Z
U G G N D C Z M G S N M T R P
```

AMBER	MAIZE
BRONZE	MUSTARD
CANARY	NAPLES
CATERPILLAR	OCHRE
CHROME	OLD GOLD
CORN	ORPIMENT
DAFFODIL	PRIMROSE
EGG YOLK	SAFFRON
FLAX	STRAW
GAMBOGE	SUNFLOWER
LEMON	XANTHOUS

World Wines

```
P S F L X A A Q D R P D W L V
Y I S W A N S I L B A H C N C
L D A J O I R H O C K O I F O
K I N L R S P R L M E R L O T
A O L U Y T D O J H I T S S E
V E J W G E Q T Y O Z I G L S
G X C H A R D O N N A Y N C D
R Z E U U S U T T L R Y I H U
E R X C N G O B O M I M L A R
N T B I A N I J C E H L S M H
A O Z J I S U E K D S Q E P O
C K G P C A L I F O R N I A N
H A W K E S B A Y C A W R G E
E Y G B A F W Z B D Q H S N P
C K T E R A L C A B E R N E T
```

ALSACE	GRENACHE
BEAUJOLAIS	HAWKE'S BAY
BORDEAUX	HOCK
BURGUNDY	MEDOC
CABERNET	MERLOT
CALIFORNIAN	PINOT NOIR
CHABLIS	RETSINA
CHAMPAGNE	RIESLING
CHARDONNAY	RIOJA
CLARET	SHIRAZ
COTES DU RHONE	TOKAY

Magic

```
Q C V S Y R V Z T T E H F P X
S Z X E E F A Y K D X W V E C
M O M W P A E B F S G N I R O
L V O A E A R P B K W W U F C
E P I J G D C Q U I A N P O N
I L E T O I N S Z T T O Q R J
Q K D Y O W C A E R S T R M A
J Q C I T N R R W V E S S Y X
M H Z I S D T F L O W E R S X
J L A B R A C A D A B R A T D
W B K Y N T P H A I L P O I E
E I E K A F D P A B R Y B F O
V R A Z P M X R E I G E O Y O
P D R O W S B R A A N H R L G
Z R M M A R E P A C R S L V Q
```

ABRACADABRA	MYSTIFY
BIRD	PERFORM
CAPE	POWER
CARD TRICK	RABBIT
CHAINS	RINGS
DISAPPEAR	STOOGE
ESCAPE	STUPEFY
FAKE	SWORD
FLOWERS	WAND
HEY PRESTO	WATER TANK
MAGIC	WIZARDRY

Religions

```
L P R I X A N N V H C X R M R
Y A R E K A U Q F H I O Z I H
I D N E T R S C R K M N U L O
I M W O S M S I O A T C D S L
M S Z A I B S P N N E O L U O
S I L H W T Y C A F L N U M N
I H N A I R A T I N U F T S F
A K I A M T S G E K E U H I H
D I N N H E K J E R Q C E N Z
U S P O T I W U U R I I R I M
J W L O N O M R O M G A A V K
S I R N A C I L G N A N N L F
C P J A I N I S M L B I O A B
Q B U D D H I S M X M S M C T
D R W T S I D O H T E M L M J
```

ANGLICAN

BUDDHISM

CALVINISM

CHRISTIAN

CONFUCIANISM

CONGREGATIONAL

HINDU

ISLAM

JAINISM

JUDAISM

LUTHERAN

METHODIST

MORMON

MUSLIM

PRESBYTERIAN

PROTESTANT

QUAKER

ROMAN CATHOLIC

SHINTOISM

SIKHISM

TAOISM

UNITARIAN

Prominent Stars

```
Q P T R R I X V E G A A F D Z
F H A I S P R R N Y V C O H L
R E G U L U S A M V L H I W M
O E D B X K P W Z P B Z F P E
L A L T A I R O Q I M O P F S
R J L N A K A T N I M L A R U
X L A D B R O T S A C R A I E
D F G E E Q N R L V C I F N G
M T N D C B I H O T P P L B L
S E R A T N A S U R O A O P E
D A R M F U Q R O L J A O J T
A O L A T X U C A P E L L A E
W Q R T K S Y R O N L C N Q B
G V U W A O I P S U I R I S J
F E F E N S B F X Q T M O F Z
```

ALDEBARAN	MERAK
ALTAIR	MINTAKA
ANTARES	MIZAR
ARCTURUS	POLARIS
ATLAS	POLLUX
BETELGEUSE	PROCYON
CANOPUS	REGULUS
CAPELLA	RIGEL
CASTOR	SIRIUS
DENEB	SPICA
FOMALHAUT	VEGA

Words Ending in FUL

```
O Z U R J J Y O A Q O N G E A
R T A C T F U L W D Z Y W W O
J E H Y W H D O F E A R F U L
T E S A G B N A E L E U E L U
J A O P N D E L I I L D T X F
O N L S E K Q A Z G G O R M D
Y B U R P C F L U H B Q U I E
F L F Z P H T U I T L U T N E
U U R F A T G F L F I O H D N
L F E V I U Q S U U S F F F I
F E E B N N M S J L S V U U G
Q T H D F E V E N T F U L L Z
D A C L U F M R A H U M Q J Y
U R V K L U S T F U L S R A I
M G J B T L A S K I L F U L E
```

AWFUL	MINDFUL
BEAUTIFUL	NEEDFUL
BLISSFUL	PAINFUL
CHEERFUL	RESPECTFUL
DELIGHTFUL	SKILFUL
EVENTFUL	STRESSFUL
FEARFUL	TACTFUL
GRATEFUL	THANKFUL
HARMFUL	TRUTHFUL
JOYFUL	TUNEFUL
LUSTFUL	WONDERFUL

Sea Straits

```
V E S G A P U G F G F C G B F
A D I R O L F S E R R O T Q W
C R A T L A R B I G L A A K D
C E R R R B X A E K G N L S F
A V D O D G A T S E I Y Z B N
L O I F I A A S T S K V E D Y
A D S H A C N T S M A L Q S I
M Q U K E G A E F O L C M D B
D J R H R K M F L E W X A A T
Y B O U G A N V I L L E G M B
I E H J T V M S A N E T E P K
O Q P M K Z L N R V O S L I T
W H S O C E H I E B N B L E C
Y Y O P B S I V A D S V A R D
J C B X F I C C G N I N N A M
```

BASS	DOVER
BELLE ISLE	FLORIDA
BONIFACIO	GIBRALTAR
BOSPHORUS	HECATE
BOUGANVILLE	KATTEGAT
CABOT	MACASSAR
COOK	MAGELLAN
DAMPIER	MALACCA
DARDANELLES	MANNING
DAVIS	MESSINA
DENMARK	TORRES

Not on a Diet

```
Z R S F D C S T W W K J H U E
B J L V H O T D O G S V O D X
C B S G O E P D Z N R S T T U
N A G R K V O U C H E E S E P
B H N X E H T M A T G I L C U
J A I D F T A P A H R R F A R
S L D U Y F T L J U U T P R Y
A T D J E X O I A A B S I A S
X G U M M C E N R X M A U M E
E T P N O C S G L F A P R E K
O D O H A R I S L O H O C L A
A B C O S E L F F A W H H A C
U N E E V A P C O R I M H R P
T Y V E J M A E S P D F T U P
H R P J R A G U S H Q G A Z E
```

ALCOHOL	FUDGE
BEER	HAMBURGERS
CAKES	HOT DOGS
CANDY	JAM
CARAMEL	PASTRIES
CHEESE	PEANUTS
CHIPS	POTATOES
CHOCOLATES	PUDDINGS
CREAM	SUGAR
DUMPLINGS	SYRUP
FRITTERS	WAFFLES

Famous Paintings

```
C L F T S E P M E T E H T X M
A M S E C A R G E E R H T Y O
L A M E N T A T I O N H X R N
V E Q C T I S A P S E Z O E A
A R T R O S A E D R O A H L L
R C X S I E N W E E K C C G I
Y S W K T W W P Y Y L I T G S
S E E J I N U O C A E N A U A
C H T N K B I S T L H R W J L
T T D F L Z L A I P D E T E L
S O A I D U N E S D G U H H E
W P C S B A T H E R S G G T R
N A N D R O M E D A U L I A B
P A R A D I S E W C S O N K M
S U M S A R E E D D K V F N U
```

ANDROMEDA	NIGHT WATCH
BATHERS	OPEN WINDOW
CALVARY	PARADISE
CARD PLAYERS	THE HAY WAIN
DUNES	THE JUGGLER
ERASMUS	THE KISS
FOUR SAINTS	THE REPUBLIC
GUERNICA	THE SCREAM
LAMENTATION	THE TEMPEST
LEDA	THREE GRACES
MONA LISA	UMBRELLAS

Herb Garden

```
Q I J Z S N Y J T A T T O R L
C L L U I O J P N N H F H S B
O H L R G R I Z I Y C T J Q K
T K I N T F Z M M O R U Q Y A
R P D V X F R E R Y O O Y K I
K N C W E A M I E B X R I I C
V B W H E S A J P A E P S H J
O O A P G N R Y P L L Z E N B
C J S Y D R O S E M A R Y K R
L A V E L D J C P L V P E Y M
E C R S C E R A N I S E E F L
N O G A R R A T L F Y R G U D
N E O J W S M F M L O V A G E
E U P G B A S I L C I D S P K
F B O W P T Y R O V A S P H K
```

ANISE	LOVAGE
BALM	MARJORAM
BASIL	PARSLEY
BAY LEAF	PEPPERMINT
CARAWAY	ROSEMARY
CELERY	SAFFRON
CHERVIL	SAGE
CHIVES	SAVORY
CORIANDER	SPEARMINT
DILL	TARRAGON
FENNEL	THYME

Jobs

```
C W R E T N E P R A C S W E V
U T C E T I H C R A O U T A D
B O R R S A L E S M A N L B E
A Q X E T S I G O L O E G L C
S C G G C T E R M B T K E S O
P J I A S E J R E I A C U U R
W L U N R Z P A D T T R M R A
J B U A A G O T N R S V B V T
N K L M Z H E O I I I E W E O
R G A P B A C C K O T A R Y R
U C W O C E I E N E N O H O N
T P Y H Q A R K M V E I R R F
K U E S N U R S E H I P S M I
S R R D W E I N K U C U E T R
M N Z W A I T R E S S M O R D
```

ARCHITECT	NURSE
BARBER	PLUMBER
CARPENTER	RECEPTIONIST
DECORATOR	SALESMAN
ELECTRICIAN	SCIENTIST
FORESTER	SHOP MANAGER
GEOLOGIST	SURVEYOR
HAIRDRESSER	TEACHER
JANITOR	VALET
LAWYER	WAITRESS
MECHANIC	ZOOKEEPER

Shells on the Shore

```
S R E T S Y O N B E U N C G H
S O L E N T A T R O U G H J N
M Z O L Y B O T W M Q N C B J
Y A V L R F I N M I L A N S M
J R E U L M X U E L L U O P F
M X T M T E L H E L Q T C G X
D X I U B I H H E E I I K W P
V Y N R T U S S C P M L N Y W
O P I E Z E S P N O Q U Y I A
S C H X L U M M G R A S N S I
V O C D M T V Y O I O K E Z R
U N E S X O P Q H T L H A B W
X E T I N O M M A E N C T S H
N A R Q F T X Y U H V E F U R
R F Z M S H Z N Q N U W I K S
```

AMMONITE

CONCH

CONE

ECHINITE

HORNSHELL

MILLEPORITE

MITRE

MUREX

MUSSEL

NAUTILUS

NEEDLESHELL

NUMMULITE

OYSTER

QUAHOG

RAZOR

SOLEN

STAR

STONE LILY

TOOTH

TROUGH

TURBAN

WINKLE

Ancient Civilizations

```
K V Z U Y E I H K N S F O E O
G B Z I N A Y A M I N C A N Q
A X A H C H X I R A E B T L Z
P V L B F T N R C T P J G S X
P Q W C Y O W D Z H O U U T V
B E C H A L D A E A N M Y D V
H E R N M B O H V A E A S S I
B I T S J X N N E R G A M S Z
T Y T A I A N A I L B G H O H
S M D T M A M A I A L A D P R
I O Q O I A N S T R N E W N D
Y P T D R T T A L G Y J N Y G
R T Y A N A E A N I M S X I A
O L T P N A I T P Y G E S U C
P V S E N S S Y S A B A E A N
```

ARAMAEAN	MINAEAN
ASSYRIAN	MINOAN
AZTEC	OTTOMAN
BABYLONIAN	PERSIAN
CHALDAEAN	ROMAN
EGYPTIAN	SABAEAN
HELLENIC	SABATAEAN
HITTITE	SHANG
INCA	SUMERIAN
LYDIAN	XIA
MAYAN	ZHOU

Asian Capitals

```
A O G F D A S Q T M G O P W E
A T D C I U N A A P N C S C T
K S R K K V S N A D I T U D V
A B H A R H I H N Y J N E A K
H D B G K L N V A A I E J B K
D U Z E A A K I T N E W P A O
L J N K M B J E S G B D T M K
J T A O G K A N A O H E K A G
M O L U O E S T T N H L T L N
A K I B Q K I I P R Z H V S A
U Y P E P H E A A A M I I I B
I O A Z P S I N G A P O R E G
G E R T Q I R E N T N L L Q Y
Y T N M Y B A D L A Z L O X K
T Q U C U J U T H M W H I Z Z
```

ASHGABAT	KATHMANDU
ASTANA	MANILA
BANGKOK	NEW DELHI
BEIJING	SEOUL
BISHKEK	SINGAPORE
DHAKA	TAIPEI
DUSHANBE	TASHKENT
HANOI	TEHRAN
ISLAMABAD	TOKYO
JAKARTA	VIENTIANE
KABUL	YANGON

Major Bridges

```
S R I W H Q L T S I N G M A T
D U A T E Z N V R E S K G L J
G T R F V S E C Y A T N E O U
A O M P O R T M A N N B N S P
F H L H I H S M X A T S M F G
N K K D O D U L I A W P B W N
L R G K E T K M E N U I J A A
L T I Y N N A R B J S H O T Y
S O Y O N M G N Z E P T N A L
R W X N G G O A I H R O E O L
M E S Z E R H Y T M M P N R X
W R U O B R A H Y E N D Y S X
B R O O K L Y N R K O C W F V
Z U L Q I N D F D N P W E W B
A P W V Z K S E V E R N I S A
```

BROOKLYN	RIO GRANDE
FORTH	SEVERN
FREMONT	SYDNEY HARBOUR
GOLDEN GATE	TAY
GREAT BELT	TOWER
HOGA KUSTEN	TRANSBAY
HUMBER	TSING MA
KHOTUR	TYNE
LONDON	VRESK
MINATO	WESTMINSTER
PORT MANN	YANGPU

Clouds

```
V P C W O N S U E L I P M M Z
O H L M H O R S E T A I L S M
Z I N O C K Q L I V N A U S A
T C O N T R A I L S L L U G R
U S U T A M M A M T U T R F A
T Q H M J M U N O M A I E A K
C C S Y U E Q S U R V Y D L C
Y U R A D L T C T R A I N L H
C M C I R R O S T R A T U S F
L U J A A T O N T I O J H T X
O L S T L B U L I R Y G T R I
N U U A M I H E O M E S V E V
I S C I R R U S S G B A J A S
C O N V E C T I O N I U M K U
V E O R O G R A P H I C S S G
```

ALTOCUMULUS

ALTOSTRATUS

ANVIL

CIRROSTRATUS

CIRRUS

CONTRAILS

CONVECTION

CUMULONIMBUS

CUMULUS

CYCLONIC

FALL STREAKS

HORSE TAILS

HYDROLOGIC

JETSTREAM

MAMMATUS

NIMBOSTRATUS

OROGRAPHIC

PILEUS

RAIN

SNOW

THUNDER

VIRGA

J Words

```
Y U P U H K J L L Y D X X Z J
G Z J V J S A U R E Y J T O N
O N U J O G K E G F R J S V J
N G I V G Q T G N G E T M U A
J C C S G T A C N S L S V S L
A A Y I I J H Y T E U E J T O
S J N J N D A E U O N V R I P
M A G U G J R O L I S B O J Y
I U R J A Y W A L K I N G U G
N U F U O R E E P I D F A J N
E L E S G J Y D S O U Y M A I
A S J T D J I G G L E Q Y L T
H L T I E R A L U G U J N D T
O D C C J O S C Z Q W W T O U
T S W E Y W D O I D R E K O J
```

JAGGED	JOGGING
JALOPY	JOKER
JANUARY	JONQUIL
JASMINE	JOSTLE
JAYWALKING	JUGGLER
JEALOUS	JUGULAR
JEOPARDISING	JUICY
JESTER	JUJITSU
JIGGLE	JUSTICE
JITTERY	JUTTING
JOBS	JUVENILE

Famous Ships

```
N O R M A N D I E K Q Y B G T
C Y E F R A N C E U A K O S D
E U X A K I K R E U R L B H R
H A E V R R W E S A D E S K K
C R D I O A N T S E A L A A V
A C B I Y M R Y N G U L K R L
N A J N A A T H L D G I Y E G
B D Z R L T I E A M L N T W K
E I Y I U N T I T A N I C O T
R A S C D A I N A T I S U L E
R I D M E S O R Y R A M I F D
A N J B A F A D N G Q W Q Y Y
U S U B E R E V O R I A N A W
Y T J L I W C F K O F R A M X
S S W P M X U K I P H A K T H
```

ARCADIA	GOLDEN HIND
ARK ROYAL	HOOD
AUSTRALIS	LUSITANIA
BEAGLE	MARY ROSE
BISMARCK	MAYFLOWER
CANBERRA	NORMANDIE
CUTTY SARK	ORIANA
ELLINIS	QUEEN MARY
EREBUS	SANTA MARIA
FRAM	TITANIC
FRANCE	VAAL

Words Containing RAT

```
D E D V P I C R A T E R Z N C
P S E P I P F C W C K Y D Y P
C K N O I T A R B I L A C Y P
D A I N N O H T A R A M Y L R
E A G Z D B E R A T E D E I A
T T R O T A R R A N E V G B T
A L A N O I T A R R I R I E F
R U T R Y S E V H T A O N R A
R C I H E R T D A T S K H A L
E R N I R L A R I A P E C T L
S A G A K E E C A D I R T O L
B T T Y R P U C M T R A A R O
B I B A M L Z N C S A T R J M
C V T I E O P E R A T I C O S
D E V I T A R U C Z E N S Z Q
```

ACCELERATE

AERATE

ASPIRATE

BERATED

CALIBRATION

CRATER

CURATIVE

DENIGRATING

ERRATIC

FRATERNAL

GRATICULE

IMPERATIVE

IRRATIONAL

KERATIN

LIBERATOR

LUCRATIVE

MARATHON

NARRATOR

OPERATIC

PRATFALL

SCRATCH

SERRATED

STRATA

American States

```
M O Y O A I N R O F I L A C H
T I P O J A R I Z O N A S R X
P A S Q Y F G O S N D R Y D O
P Z D S H G S I O N I L L I K
P K K I O D A R O L O C R Z H
X W I B R U K E N T U C K Y S
S N E W Y O R K V B T A S A M
N W N B M S L I Y E A M W I X
V A I O A X R F N R H O C G W
G K M S G G P I A F H H S R G
I S N L I E A E S G I A W O N
T A T N O M R E V G X L U E Y
K L I X O H I O A E Y K H G F
Y A H F O E S N T S I O W A Q
L B U N A H Y N S J M R W O Z
```

ALASKA	MICHIGAN
ARIZONA	MISSOURI
CALIFORNIA	NEW YORK
COLORADO	OHIO
FLORIDA	OKLAHOMA
GEORGIA	OREGON
ILLINOIS	TEXAS
IOWA	UTAH
KANSAS	VERMONT
KENTUCKY	VIRGINIA
MAINE	WISCONSIN

What's Cooking?

```
J H B R O U I L L E X F L E T
W Y H J U L I E N N E Y K T Q
I P Y H I V O I R I J Q I U H
V A E E S I A N N O Y L C O S
B Y N W R L F M P D D V R R Z
Y S T M F E R R U E B U A C E
E A E O Y J I B V C U P F N L
G N R C J X E N R A O W I E O
H N R H N Y L E I M M T N A N
O E I A F E B U A D N E R Q G
Y A N R O M J N Q E R A A W A
J V E N I A C I R E M A G K P
T X R E R V I O P U A C J Y S
C H A N T I L L Y D I A B L E
U Z E G D F A D G V H H L S S
```

AL FORNO	ESPAGNOLE
AMERICAINE	FARCI
AU BEURRE	FLORENTINE
AU POIVRE	GARNI
BROUILLE	JARDINIERE
CHANTILLY	JULIENNE
DIABLE	LYONNAISE
DORE	MACEDOINE
EN CROUTE	MOCHA
EN DAUBE	MORNAY
EN TERRINE	PAYSANNE

Active Words

```
R E T B T A C T I V E Q T R S
T T L N V B L N J N R X P B V
T N E I C I F F E L O L M Q R
G X B M G N Y R O T N I O V V
F J B B D A G L D X R V R B G
G F A L I E V I T A R E P O G
Y N F E T L M F E H Z L L V E
L Q I I T J S P F I G Y P A L
I U C R T U U P L N X I J B P
V I G O R O U S I O W N R J P
I C B T E I G L S R Y N U P U
N K K R O W T A H J I E A W S
G X U I I S P S I M I T D S O
J T W B U S Y A F E R V E N T
U Z L B X X K R G Y R R G D V
```

ACTIVE	LIVELY
AGILE	LIVING
ALERT	NIMBLE
AT WORK	OPERATIVE
BRISK	PROMPT
BUSTLING	QUICK
BUSY	SPIRITED
EFFICIENT	SPRIGHTLY
EMPLOYED	STIRRING
ENERGETIC	SUPPLE
FERVENT	VIGOROUS

US Presidents

```
Y H F H B U S J K R G C H R B
Y L R V O M X U K X W T O E E
E I H P A K E N N E D Y O A X
L N A D Y W I L S O N D V G G
N C A R T E R M B U S H E A X
I O R V A N B U R E N N R N E
K L T E T C A O U N G F H O B
C N Y G U R O N C L I N T O N
M V G Y N S U O A E P X D L J
D Z E B E I T M L H W I O J A
D G K V R R H D A I C L G N V
S J E F F E R S O N D U K J H
B L C L E V E L A N D G B W D
T K E I S E N H O W E R E J Q
L H A J H K W N Q P U R O J J
```

ADAMS	JOHNSON
BUCHANAN	KENNEDY
BUSH	LINCOLN
CARTER	MCKINLEY
CLEVELAND	NIXON
CLINTON	REAGAN
COOLIDGE	ROOSEVELT
EISENHOWER	TRUMAN
GARFIELD	VAN BUREN
HOOVER	WASHINGTON
JEFFERSON	WILSON

Beatles Songs

```
X R B N O I T U L O V E R L I
E I Y A D R E T S E Y R A I A
E K C A B T E G P H H E C T P
Y B U P L E H R W Z J S Y T E
X M T H R L O E J Q M O M L N
T H G I T E M D L O H L E E N
L R G S T L P Y J E E A V C Y
H O F E L E L P L N N M I H L
E U V E F P L L I O H I R I A
Y S T E E I E F R R V Q D L N
J Z H R M H L R I G T I V D E
U N O X C E I Y Q O G Y N W P
D N I I E G D G M V M K A G D
E Z M F B Q S O S N O N E D M
T H I Y L L E F I F I P P L A
```

ALL MY LOVING	I'M A LOSER
DAY TRIPPER	IN MY LIFE
DRIVE MY CAR	LET IT BE
ELEANOR RIGBY	LITTLE CHILD
GET BACK	LOVE ME DO
GIRL	MICHELLE
HELP	NO REPLY
HEY JUDE	PENNY LANE
HOLD ME TIGHT	REVOLUTION
I FEEL FINE	TELL ME WHY
IF I FELL	YESTERDAY

ARCH Words

```
A C O Z I B F P D E H C R A J
N R U A F S E Z A V Y O E B V
W M C V R E P Y T E H C R A A
Y X B H N C T C E T I H C R A
A S E U I Q H Y W G L T N C R
R E V C A L L O W E S P A H C
C D A S L Y M E N E H C R A H
H E R S L Y Z O I Y A I C N I
D M T E I E T R A R O A H G V
U I I N V S P W C Y I H B E I
K H H H H H H H Z L B C I L S
E C C C C C A R C H E R S S T
N R R R R E V I H C R A H L O
V A A A A A R C H E O L O G Y
W V W N W J S W D I S B P P W
```

ARCHAEAN	ARCHIMEDES
ARCHAIC	ARCHITECT
ARCHANGEL	ARCHITRAVE
ARCHBISHOP	ARCHIVE
ARCHDUKE	ARCHIVIST
ARCHED	ARCHNESS
ARCH-ENEMY	ARCHON
ARCHEOLOGY	ARCH-PRIEST
ARCHER	ARCHSTONE
ARCHETYPE	ARCH-VILLAIN
ARCHIL	ARCHWAY

Wild Birds

```
G U N R X S M N W P L J J C L
W B F A K D A T V V T G R G G
D J L C W C O R M O R A N T S
S G N A I T O Q T Z N I G S A
L E O L C X U N D E G Q Y E O
I O E L N K I R N H E G R R S
E P G K D F B N T U I N F C A
F O I B F E P I F L D I A E N
Q O P U R E N I R Z E W L R D
C H P Y Y G R E U D C D C I P
B U Z Z A R D U A T L E O F I
I D C L I A U Q T G M R N V P
K S E K T X T M A L L A R D E
R Y T N O R E H H M U E X A R
O S N W P O H T E C O V A P Y
```

AVOCET

BLACKBIRD

BUZZARD

CORMORANT

CRANE

CUCKOO

DUNNOCK

FIRECREST

GOLDEN EAGLE

GYRFALCON

HERON

HOOPOE

MALLARD

NIGHTINGALE

PELICAN

PIGEON

PUFFIN

QUAIL

REDWING

SANDPIPER

TURTLEDOVE

VULTURE

Words Containing IF or BUT

```
G L M C V P G P U L F N U O K
B U T T E R N K A G T I A N Q
U B H M R R I T B C F V Z Z C
T M D P O B T H T F I R D A O
T H I N B U T I E I R F N P T
O C S U B D U Q F W H A I F U
N E T E E R B F I I T D I C B
Y Z R S A I I E W U E L X X I
U F E W T F F E B T R D Y S L
Q H H P I T I M U I R F W T A
L Q C M F E A B A J I I E U H
I P T Z Y R I G M L F F O B I
R E U N N R Q N P T I S J E N
J G B J T D A M L N E O Q D B
I Y M Z P E A Y K S D T K O A
```

ADRIFT	HALIBUT
AIRLIFT	KIBBUTZ
AMPLIFY	KNIFE
BEATIFY	PACIFIC
BUTCHER	RAMBUTAN
BUTTER	REBUTTAL
BUTTING	SWIFTLY
BUTTON	TERRIFIED
CERTIFIED	THRIFT
DEBUTS	TRIBUTE
DRIFTER	WIFE

INs...

```
Y X A J I X U W S D L T Q T D
X Y A I S P S D F E C X M N I
T E R I U Q N I E E F E A N I
M A O A U U N R L D I L C N N
B J I D I R B L B N N A S G F
H F R V G D E S A I R T T L A
E V E X H T N C P N I S M N N
Y I F G N K T E A N E E S H T
O N N I L I N T C V H R I V C
I H I S V U E T N N B E N U E
X U N E O S D I I W I T S L S
W M F Q L L I N T E R N A L N
Y A O N N K E Z I P Y I N U I
L N R I V E S N E C N I E M Q
O E M E J T Z C T S E G N I Y
```

INACTIVE	INHUMAN
INCAPABLE	INLAND
INCARNATE	INQUIRE
INCENDIARY	INSANE
INCENSE	INSECT
INDEED	INSOLENT
INDULGE	INSTINCT
INFANT	INTELLECT
INFERIOR	INTEREST
INFORM	INTERNAL
INGEST	INVEST

...and OUTs

```
N E K A T T U O X Y P Z I P K
N O X A T F O U T D O O R S O
O U T W E A R Y X N Y E N M U
U T E W P R O Z U O G R E Q T
T B G W X H B G U G Q V K U H
C A T P R E T T I F T U O P A
R C G F V U W R U M Z U P Y U
O K N O O I T E V O S K S P L
P X I U T U O C C Z Z W T M T
C P V T O U T L Y I N G U K S
V O I B K N A R T U O V O V A
E N G R O U T S I Z E V W V C
G K T A Q H H P Y D N Q T Q T
C J U V O U T R A G E E E U U
Z P O E B X O U T S T R I P O
```

OUTBACK	OUTRAGE
OUTBRAVE	OUTRANK
OUTBREAK	OUTRIDER
OUTCAST	OUTRIGGER
OUTCROP	OUTSIZE
OUTDOORS	OUTSPOKEN
OUTFITTER	OUTSTRIP
OUTGIVING	OUT-TAKE
OUTGUN	OUTVOICE
OUTHAUL	OUTWEARY
OUTLYING	OUTWITTING

Art Terms

```
H S T R W X P Z Z W I X L T G
Z C Y J S A V N A C U B I S M
M Q T M L O I L S E D P E U F
U G P E B T A R N F A F Y I S
I H T X K O N I R S I T O O E
D T H T C S L E T L N F O R A
E B P R V T S I L A E R R U S
M P A J U C C L S N T T H A C
J H A O O H I T F M S X W R A
C G L C E T E C H N I Q U E P
I G D S S X I J N I T H V P E
A L F A T D U H S L R B I M F
Q A V U W J N I L S A H Z E T
U Z R V G T I A R T R O P T F
K E G D O V E R L A Y B L P Z
```

ARTIST

CANVAS

CHARCOAL

CUBISM

FRESCO

GLAZE

LANDSCAPE

MEDIUM

OILS

OUTLINE

OVERLAY

PALETTE

PASTICHE

PORTRAIT

SEASCAPE

SKETCH

STILL LIFE

SURREALIST

SYMBOLISM

TECHNIQUE

TEMPERA

TEXTURE

Australian Tour

```
V F E I L R O O G L A K N H Y
P S H A R K S B A Y E B S G A
Y E N R U O B L E M C E S I D
A P H I L L I P I S L A N D A
B M F R A S E R I S L A N D D
Y O R L K T T N M D M V E N P
N N E M E Y N W K S N L F O T
A K Y M S E Z U A X A O R O S
T E C A T N H T O I L T B S A
O Y I J C D R O D M A Y M A O
B M N W L Y D E P R E B O O C
R I E N A S V R T U R U L U D
J A T I I U L H T R E P L F L
L X G J R K U R A N D A F B O
Y T G V E R N I W R A D M T G
```

ADELAIDE

BLUE MOUNTAINS

BONDI

BOTANY BAY

COOBER PEDY

DARWIN

FRASER ISLAND

FREYCINET

GOLD COAST

KALGOORLIE

KURANDA

LAKE ST CLAIRE

MELBOURNE

MONKEY MIA

NOOSA

PERTH

PHILLIP ISLAND

PORT ARTHUR

SHARKS BAY

SYDNEY

TASMANIA

ULURU

Absolutely!

```
R W A J S R E T U L O S B A G
Q O X R A D L A U T C A G M E
O D X O B G B N U S J F Q U N
N E K H H I A W A Q T P R S G
E C P N C I T A R C O T U A Q
Q I O F S D I R C L N O D N E
J D S M U E R U A E I E H C R
T E I G P A E A D R S T D E T
E D T X R L V N E P Y R A R C
M A I G E S E P O R J L K T E
A D V C M P M T S E H T R A F
G W E S E I I R E A L L Y I R
D P V D M C Y B G E N U I N E
N U N L I M I T E D Y I P C P
J I S Z P L J F K O N M K S O
```

ABSOLUTE	IDEAL
ACTUAL	IMPERIOUS
ARBITRARY	INDEPENDENT
AUTOCRATIC	PERFECT
CERTAIN	POSITIVE
COMPLETE	REAL
DECIDED	REALLY
DESPOTIC	SUPREME
END	TRUE
FARTHEST	UNLIMITED
GENUINE	VERITABLE

Cheeses

```
G B P N X A H A X E N H T K O
N O A N A G N E Y P W F G R I
I F R R M I T R E B M E M A C
I W M G Y O A V E M T R E U H
J E E P O U Z K O T A K M Q E
R N S N E N N Z A M B D M N D
E S A T E F Z L A L R J E E D
G L N E Q P E O B R I A N U A
R E T S E C I E L D E R T F R
U Y T I L S I T X A J L A C K
B D R O Q U E F O R T S L H A
M A D U O G B A Q I R B H A A
I L H V W O O D S I D E O T F
L E N O P R A C S A M R Y E A
L C A B L Y K P K Y W G J L K
```

BRIE	MASCARPONE
CAMEMBERT	MOZZARELLA
CHEDDAR	NEUFCHATEL
DOLCELATTE	PARMESAN
EDAM	PYENGANA
EMMENTAL	QUARK
FETA	RED LEICESTER
GORGONZOLA	ROQUEFORT
GOUDA	TILSIT
JARLSBERG	WENSLEYDALE
LIMBURGER	WOODSIDE

Finance

```
G N S S G S G N I V A S O N S
S Y N U K C K Q U N T O A W M
M E R L D C R E D I T O R S Z
U S C E T I O F I A L O P T B
I N N N G I S T C K S E E A Z
M E A D A R R C S T C G L D T
E P N E N V O I O U D A Y N R
R X W R G U D F L U N T T L A
P E A S N D T A B C N F A A N
F Q R T T B T N E M E T A T S
V Q D C Z I N T E R E S T I F
M T R A N S A C T I O N S P E
O D E G T C O V P T E S S A R
E E V R E S E R N N T P W C K
B F O L K N K I H N G X A L T
```

ACCOUNT	LENDERS
ADVANCES	LOAN
ASSET	OVERDRAWN
BALANCE	PREMIUMS
BUDGET	RESERVE
CAPITAL	SAVINGS
CREDITORS	SPECULATING
DISCOUNT	STATEMENT
EXPENSE	STOCKS
FORGERY	TRANSACTIONS
INTEREST	TRANSFER

Salad

```
Z P X S T U N L A W R H H J H
I C P C H R E P P E P D E R Y
O T A T O P T I P H N F D N C
T Q N L U L T P N U R M R I A
A S R E S L E M O N J U I C E
M S O N A P R S D V M V L O S
O E C N N L G J L A J H F I A
T R T E D P I Z Y A Z Y R S R
T C E F I R A O L L W Y O E N
V R E K S G N I S S E R D T C
G E W I L N I U B Y G O L S Q
G T S M A E V R M L Q C A Z A
F A W I N H E V I L O I W T P
Q W S U D H R A D I S H S O V
Z E C U T T E L I M Z C T S B
```

CAESAR

CHICORY

COLESLAW

DRESSING

FENNEL

GREEN PEPPER

HERBS

LEMON JUICE

LETTUCE

MAYONNAISE

NICOISE

OLIVE

POTATO

RADISH

RED PEPPER

SWEETCORN

THOUSAND ISLAND

TOMATO

VINAIGRETTE

WALDORF

WALNUTS

WATERCRESS

Big Adventure

```
Z H Z U V U W V J M B S O W O
M S L L I R H T T P U G L S B
L A I R T S M O W O E V T N U
V R E S I R P R E T N E H V W
Q S B L I E I G J I X L F T L
B U O K R R A W A C B O T T E
T O S I L R C T I U R J N P C
F I L R U T R T S T M R E F N
R F L O M E E R U T N E V D A
R E C L C M Z I V D A C E O H
U P G N E K T B Z R G K N Q C
T U U N P Y B M V A J L E Y D
I I T D A R I N G Z B E S X I
H L B O L D U E G A S S A P I
N H J X K T O X Q H K S J V R
```

ADVENTURE	FORTUITY
BOLD	HAZARD
CHANCE	PASSAGE
COURAGEOUS	PERIL
CRISIS	RASH
DANGER	RECKLESS
DARING	RISK
ENTERPRISE	STAKE
EVENT	THRILLS
EXCITEMENT	TRIAL
FOOLISH	UNCERTAIN

Aim

```
W G K K Y E T N V W M H Q P X
G F K R O C L J R W S U T H K
P M I N T E N D W W E H C Y F
I J A E O B J E C T I V E D R
Y B T R A I N M D N L X R K C
K U Z J K G P W T N P X I M U
A V E G I M R E W D E P D I L
R F T S Z B N A N X L T D A K
E W E A T T E M P T P E O R Q
M D N S I O K A D U P G V W H
E F F O R T N D R O P R U E D
H S N C T U M P I I B A T I L
C V G G D H O N F M N T Q V L
S P B U N S T C T T H G I S P
D H I R E A S O N Q H E C B A
```

AIM
ATTEMPT
BEARING
COURSE
DESIGN
DIRECT
DRIFT
EFFORT
END
GOAL
INTEND
INTENTION
LEVEL

MARK
OBJECTIVE
PLIES
POINT
PURPOSE
REASON
SCHEME
SIGHT
TARGET
TENDENCY
TRAIN
VIEW

B Words

```
W D T S H T S V I L I Z A R B
W L N N H T M R G P I H S P O
P E O R I N A N C A M G S X M
V I L E U R I E T E K N A L B
J F Y T V Z P R R T I I P B A
Y E B T Z U F E O B L B Y O R
D L A U Q D H W U W C B B T D
R T B B J P K E A L E O R A K
O T E Z S C L R W P B B W N X
C A W O Q R B B I G O T R Y N
I B I O G R A P H Y J N G Y D
Y B L I J W W N T A T N P I H
A Y D R M O S S O L B R I E F
N D E B L V P K W H D X K Z D
T I R B E A U T Y R C A Z D Q
```

BABYLON	BOBBING
BATTLEFIELD	BOMBARD
BEAUTY	BOTANY
BEWILDER	BRAWL
BIGOTRY	BRAZIL
BIOGRAPHY	BREATH
BIOSPHERE	BREWER
BLANKET	BRIEF
BLOSSOM	BUTTER
BLOWPIPE	BUZZING
BLUEPRINT	BYPASS

Mythical Goddesses

```
G I T I E T A C E H H F M L A
F G B A R T E M I S A Q V T D
K Y N A K N I D E M E T E R Y
A W R O E A A D W N K S S I W
Q I R H I A N N O N B H Q E F
P W T R S Z S H Q R K Q N F V
M A O S V R P T I M H S K A L
I O A T E E D A A R L P G Z S
N N R Y S H N R N R A P A I A
E M R R E I O U J D T T S I L
R D E M I R L U S R O E H L A
V P I V U G F L H P M R L S C
A W S A I V A U A E L J A T I
U C T H N L H N N C Y O H P A
H Z C W F A S D K R B H B Y W
```

APHRODITE	ISHTAR
ARTEMIS	LAKSHMI
ASTARTE	MINERVA
ATHENE	MORRIGAN
AURORA	NEMESIS
CALLISTO	PANDORA
DEMETER	PERSEPHONE
DIANA	RHIANNON
FREYA	SALACIA
HECATE	VENUS
HESTIA	VESTA

Abrupt

```
H H V L P N D R X N K G Q S A
Z S C C O R B E S G N W J J K
T U R R G D E L P J E Z J C E
X N H A P E E C U M T M U D E
N C A G H M F T I N A R U B U
T O S G A I S H C P T R Z R O
L V T E E T T I S E I U C K I
B D Y D R L E J Q T P T Y D E
I U Q I O L E T K K I X O D U
N J B I T I P N P M C F E U Q
I N Z R R R Y L I U E X F N S
F I N C O N S I D E R A T E U
F I Y U H K K A X I P B M A R
R L G M S K E A D E G G A J B
L H S U D D E N O O E D R V F
```

ABRUPT	INELEGANT
BLUNT	JAGGED
BROKEN	PRECIPITATE
BRUSQUE	PRECIPITOUS
CRAGGED	ROUGH
CRAMPED	RUDE
CURT	SHORT
HARSH	STEEP
HASTY	STIFF
ILL-TIMED	SUDDEN
INCONSIDERATE	UNEXPECTED

Famous Battles

```
L N L T M I L O P I L L A G B
I E I K R I K N U D S G J C X
J G T E G D I R Y M I V A Q I
D D T H M S T S A N Y P R E S
A I L O A A W Y C E E L T K Z
K R E L N K L O Z S Y A R Q U
X B B I X I U A T F A N A D I
P D I H I R D V L N W A F K A
W R G S T P I O W E D C A U W
P O H B U N K E R H I L L R A
R F O H C A L A M O M A G B N
X M R E P P E I D Q B D A O I
L A N O S A R A T O G A R T K
R T U Q G E T T Y S B U R G O
N S O O L R E T A W Z G S X X
```

AGINCOURT	LITTLE BIG HORN
ALAMO	MIDWAY
BORODINO	OKINAWA
BUNKER HILL	SARATOGA
CAPE ST VINCENT	SHILOH
DIEPPE	STAMFORD BRIDGE
DUNKIRK	TOBRUK
EL ALAMEIN	TRAFALGAR
GALLIPOLI	VIMY RIDGE
GETTYSBURG	WATERLOO
GUADALCANAL	YPRES

Casino

```
R M G X O D L Y R E C L L C Y
T A C J H D N L B C E K B Y S
O G S H R E G U O R E K O P S
W I N N I N G V O R B W R D L
E N U I Q P W P L A Y E R O B
V K Z K T G S D N X A A I L D
I X A Y C T A K I D C Q O P K
S X G T C A E Z G C B C J Z O
J K N G S R J B Z D E A L E R
D B O Z H A O K E M C S U F D
K C X U U C T U C K D I U B V
T C B U F C Q R P A E N B J E
Z Z H B F A D O K I L O C N G
W H E E L B T G X A E B H U X
N N A D E T T E L U O R C S U
```

BACCARAT	PLAYER
BANKER	POKER
BETTING	ROLL
BLACKJACK	ROUGE
CARDS	ROULETTE
CASINO	SHOE
CHIPS	SHUFFLE
CROUPIER	SPREAD
DEALER	STAKE
DICE	WHEEL
JACKPOT	WINNING

Homophones

```
J F D U L N R E P S O G R N C
T N L E E M O U R N I N G M T
I S W E S T E F I N N I S H G
D I A T S E H R N W P N H A S
U T F E O S N G C R H R X K Q
R G U I N T E R I E C O N U B
C G B O N M U N P D D M X L X
F T O E U I C G A R A A F Q S
N R A Y S I S L L O Y D Z F X
X A R E P K X H K B S E N E M
T J D L E A C O O T W Y W P Q
G U E S S E D V I A E A Z U I
Q H R E V I A W N R R T B R U
F O Z O N C V U I G C S I N V
H Z H G G M H Q E W A V E R H
```

BOARDER	HORSE
BORDER	LESSEN
CREWS	LESSON
CRUISE	MORNING
DAYS	MOURNING
DAZE	PRINCIPAL
FINISH	PRINCIPLE
FINNISH	STAID
GUESSED	STAYED
GUEST	WAIVER
HOARSE	WAVER

R Words

```
A G R V D E P D I L Y H Y G N
S G N F E R U T P U R W N N F
T U N I W E E Y Y Q J I R I C
Z R O I L G F M H T Y H R R Z
W D G C L U B T I A K H E E F
Y U E R U L R F L T M V L E N
J K N U P A O E Z Y T R Y T V
S Z O S K R R R E H E A T E D
U G Z T R E L E N T E D N K C
O N I Y E N V P D S E I P C Y
N I K A L V X T I B B A R A E
I H L O A H I O R U N N E R Y
U S T W X A C R X G U C P M L
R U T H L E S S S E N E D U R
N R U T E R E M U X U E Z I N
```

RABBIT	RHYTHM
RACKETEERING	RIVET
RADIANCE	ROLLING
RAUCOUS	RUDENESS
REGULAR	RUINOUS
REHEATED	RULING
RELAX	RUNNER
RELAYING	RUPTURE
RELENTED	RUSHING
REMITTANCE	RUSTY
RETURN	RUTHLESS

Toolshed

```
S R E D I V I D A F J M C J S
N S L L I R D T V X D K Z L T
W H N R E V I R D W E R C S T
K O Q B H C N E R W E P I P R
Y V T B O B T K H D Z N S E T
R E P P I R G R E A S E G U N
F L E S P P W O I B T U Q D F
A T W T E I S F E C A C I C W
Z Q A A X C F H C X S F H L V
H F S P P R A C A H A A E E D
X W D L W E G T Z V I K W M T
I J N E K X R I E N E S C Q W
N T A R E E V P S U W R E I A
K I H A C K S A W I R S A L P
W A S D O O W B A N D S A W X
```

AUGER	HANDSAW
BANDSAW	HATCHET
CHAINSAW	PICKAX
CHISEL	PIPE-WRENCH
DIVIDERS	PITCHFORK
DRILL	SCREWDRIVER
ELECTRIC SAW	SECATEURS
GREASE GUN	SHAVER
GRIPPER	SHOVEL
HACKSAW	STAPLER
	WOODSAW

Forward Ho!

```
A N O C Q N V I L T V Z P T E
G U E C N A V D A Z K W R V M
H I T H R X D E C B O P O B U
F T O C T K E S N V U M S R W
E V M R V G K D S H B W P W G
X O O A M I N C R E A S E N F
F P R M C U H E R C R N R D P
H M P H O S L E R O F G C L P
F F Z P U R U F V T H U O E R
P R O P O S E E Y I S R Q R O
A R Y R N C Z X C F R K Y T P
P W B S W P X A T E S H O V E
Q Q P S H A W L D N E S T R L
D M W D F U R T H E R A I S E
J A B I Y Q S D V B U K U Q V
```

ADVANCE	PROMOTE
BENEFIT	PROPEL
ENHANCE	PROPOSE
EXALT	PROPOUND
FORWARD	PROSPER
FURTHER	PUSH
GROW	RAISE
INCREASE	SEND
MARCH	SHOVE
MOVE	STRENGTHEN
PROGRESS	THRIVE

African Tribes

```
G W L O E X Z W H D B S H G W
G V U G N O J A M A R A K E N
K T M N D X U Y E M U I N V Q
A I B I B I O J D S H O N A O
D U W D I A N T A G W C B Q N
N W A N Y S E K F U L V B P W
A D N A G H W Q A C L T N W U
W F V M S A E J N B K U W V C
R E E O A N G R G X T G Z V S
A A L V M T A G E N E I B G D
Y A K J B I A T A R X A P K C
N F Z J U N L B A H O S V V L
A Y O T R H J U E O C A Y R A
B E U C U K T U I L A M O S X
G H C K B Q X S L J E E A Y P
```

ASHANTI	IBIBIO
BANTU	KARAMAJONG
BANYARWANDA	LUMBWA
CHAGGA	MANDINGO
DINKA	MASAI
EWE	MATABELE
FANG	SAMBURU
GANDA	SHONA
HAUSA	SOMALI
HERERO	TUAREG
HUTU	ZULU

Booker Prize Winners

```
D G L T P P W P N C V Y G P V
N X N Q F R E K R A B Q R I P
U T E I Q I B K I R K O X E E
O E R L D V W A X E I O Y R X
Q D J H A L A S N Y S U A R Y
G P S T C R O O R V H N V E E
L U D L A R E G Z T I F X E L
R E Y L L A E N E K G L H Z Y
Y P T A L K D N K M U T L T O
H V A R M E E N C O R K Y E D
D E R Q A L R E O O O J T O C
I R R V W M W R W Q X R O C R
B F C H O A V S A I O W B J A
I X G T N N N W A F T M L E X
A N X D Z U W U H A R E H L X
```

ATWOOD	KELMAN
BANVILLE	KENEALLY
BARKER	MARTEL
BROOKNER	MCEWAN
CAREY	OKRI
COETZEE	ONDAATJE
DOYLE	PIERRE
FARRELL	ROY
FITZGERALD	RUSHDIE
GOLDING	SWIFT
ISHIGURO	UNSWORTH

Capital Cities

```
K M N Z C G Y Q N A A A J H Z
A U X U D E N A I T N E I V Q
D M A F A T R A K A J R F H B
T K I L B L R D X T X G N O G
I A P L A G I C L U G E T B L
R T A A M L Y D K Z Z F N M A
A H G P A M U H S I D A G O M
N M T A L D A M A S C U S L N
A A T Z S D E N P J I L Z O W
C N I C I S N B A U O J H C O
C D Q R N W O T E G R O E G T
R U D T O G C Y A O U N D E E
A A Q D O B F N U M N A G D E
M G C T G L I S B O N H O X R
J Y A Z W R V V H O F X M L F
```

ACCRA	LIMA
BOGOTA	LISBON
COLOMBO	MADRID
DAMASCUS	MANAGUA
FREETOWN	MOGADISHU
GEORGETOWN	NAIROBI
ISLAMABAD	OSLO
JAKARTA	TEGULCIGALPA
KATHMANDU	TIRANA
KUALA LUMPUR	VIENTIANE
LA PAZ	YAOUNDE

Double O

```
B Z S P J J I S W C R H K G P
D Y G N I P O O N S F M T C U
F W B L L C O Y S O V K D F J
C H X L C D X E B K O T Y G J
O O G A Y K N A N G J Z V M E
K O W B C D L Z O N A E E M L
C K R T O L X K O I S V N Y E
D E T O O B Y O T P P O M N C
B D G O K R G O S O O O B X T
Y V N F E A I T E O O R X W R
P J O K R P T S F L K G S Z V
O X O D Y Y M I G Q Y K A W R
O O Z L P V R M N O O S E N F
R E K O O N S W O O N S W Q R
D L E K N S T D B D D N C R Y
```

BALLOON	HOOKED
BOOKS	LOOPING
BOOTED	MISTOOK
COOKERY	NOOSE
DRAGOON	ROOKERY
DROOPY	SNOOKER
FESTOON	SNOOPING
FOOTBALL	SNOOZE
GLOOMY	SPOOKY
GOODNESS	SWOONS
GROOVE	WOODY

Fractions

```
D F A O K H W B U U L B I T A
T H I R D Q D H T F L E W T T
Z F B F A H T X I S F B F X W
C R E I T E H T H G I E C W E
C E O F I H R O T A R E M U N
O D L T C H U N D R E D T H T
S H F E A K L H N W T V S T I
B I T E V N P O A N R N X N E
F V A N H E I D S Q A Y P E T
P S K T E T N M U Z U N Y V H
J J N H C E O T O Q Q J R E A
T I J A E V T P H N M W R S L
N P R W P Y E X T T E N T H F
B F A C T O R V I L X D M C V
V W L I E L P M I S R L X B E
```

DENOMINATOR	NUMERATOR
EIGHTH	QUARTER
ELEVENTH	SEVENTH
FACTOR	SIMPLE
FIFTEENTH	SIXTEENTH
FIFTH	SIXTH
FIFTIETH	TENTH
FRACTION	THIRD
HALF	THOUSANDTH
HUNDREDTH	TWELFTH
NINTH	TWENTIETH

Yellow Things

```
L T P T T K V D M W B J Y G I
D Y A U M U J M A E L E M O N
P Q M U C A L A D P L U M S E
S F A M T R R I P R U O T L P
Q F F N L U E L P P A E N I P
E R C B A P M T I V N T M N E
S N E T A N M N T D I T S G R
O J I G W D A E L U O Z M U H
R N W X G L H B K E B F U N C
M M O U Y Y W J B Y A B F O O
I X A T K R O Y W E N F R A V
R I D P N G L L G S A N D F D
P Q P Y U J L G K B V H X R U
E Z P E S E E H C H I C K X S
W C A N A R Y U A R F I V Q J
```

AUTUMN LEAF	LEMON
BANANA	MELON
BUTTERCUP	NEW YORK TAXI
CANARY	OCHRE
CHEESE	PINEAPPLE
CHICK	PRIMROSE
CORN	SAND
CUSTARD	SUN
DAFFODIL	TULIP
EGG YOLK	WOAD
GOSLING	YELLOWHAMMER

Setting the Table

```
Z S O U P B O W L K Q S R E D
B B B E R P L A C E M A T D E
Q D E S S E R T B O W L K P L
W U F T T W P Z M W Q W E H D
I I I O A E I P G P A X T G A
N N N H R L A N E T L O C F L
E O K E W K P K E P L R H X W
G O R F B J N R K C T P U X O
L P E I Q O J I E N O L P Y B
A S T N Z U T L K N I O A B T
S A T K G K B T E P N F L S I
S E U E J A H C L K A I E E U
N T B K T T U R E E N N D I R
X B N A S U S Y Z A L I V V F
N M O C N O O P S P U O S I Q
```

BUTTER KNIFE	SALT
CAKE KNIFE	SOUP BOWL
DESSERT BOWL	SOUP SPOON
DINNER PLATE	STEAK KNIFE
FORK	TABLE CLOTH
FRUIT BOWL	TEASPOON
KETCHUP	TUREEN
LADLE	WATER JUG
LAZY SUSAN	WINE BOTTLE
NAPKIN	WINE COOLER
PEPPER	WINE GLASS
PLACE MAT	

Three Es

```
D J E X O J E E R G E D U B R
A H I C V E E E Y E J N B T P
L A G E E I I T E P U U X M A
K J H T R V N N N R T K A E S
T D T E S G R E T G F D O L G
V E E M E E E S G E D E D E P
S I E P E D Y B G R R H R E S
N S N N R E W A E O C N D A O
K U E E E D S T E N I E L C
K V B E E U S E E T G X T E Z
S A O W S E B S R R E Y J E T
L X W T E C E X E Z V N P T X
T R L E R B E E Y D L X D N Z
I F S B O D U L E G A T E E A
B N N D F B U R E N E E R G E
```

ABERDEEN	FORESEE
ABSENTEE	GENTEEL
ADDRESSEE	GREENER
ATTENDEE	INTERNEE
BESEECH	LEGATEE
BETWEEN	MELEE
CAREFREE	OVERSEER
DEGREE	PEDIGREE
DEPRESSED	REDEEM
EERIE	SETTEE
EIGHTEEN	VENEER

US Vice Presidents

```
S H H C T N E Y D E N N E K Y
R E L E E H W S B O N T C A Q
A O Y H V U S A T U A H M F P
N H C A L F G N L C E O P D E
A U M K H N I E L N A M U R T
N Y O K E L D L E I F R A G P
A E N W C F E Y L J N Q P I Q
H R R K T Y E D R M I C E T K
C H O U Q E A L O X O R O G Q
U P E J B L R F L E C R P L L
B M J T L N O S R E F F E J N
E U O A U I A T H A R D I N G
C H S F V K D V K S Q V Q Y C
L Z K T I C N P M Q U S Q T L
C I H C I M C W U L Z B S U X
```

AGNEW	JEFFERSON
BUCHANAN	KENNEDY
BUSH	LINCOLN
CHENEY	MCKINLEY
CLINTON	MONROE
DALLAS	PIERCE
FILLMORE	ROCKEFELLER
GARFIELD	TAFT
HARDING	TRUMAN
HAYES	VAN BUREN
HUMPHREY	WHEELER

Astronomy

```
O P M L I C U I W Z N R T E J
C H A A U N I V E R S E L R W
N O G I V T O U U U L O D K R
C Q N T C X I T F E H S A E M
L L I S O U A I S K T Q M I L
P D T E T S D C C E P O L N U
N Y U L R E O A L Z N K V T M
Y R D E A P L L Q O Y U X L I
Z V E C E B A L R W K B P T N
S N Q A Y R O T A V R E S B O
I E U P T X S Y H T I N E Z S
G B A S H A A J U P I T E R I
A U S V G P U L S A R O X V T
D L A B I M Z E A R T H N Z Y
P A R A L L A X U G L N L B A
```

ASTRONOMER

BLACK HOLE

CELESTIAL

CONSTELLATION

EARTH

GALAXY

JUPITER

LIGHT YEAR

LUMINOSITY

MAGNITUDE

MILKY WAY

NEBULA

OBSERVATORY

PARALLAX

PULSAR

QUASAR

SATURN

SPACE

STELLAR

TELESCOPE

UNIVERSE

ZENITH

Ball Games

```
B S T R G Y V Q P O R X T H J
G O Z A L T W S T E N N I S L
M F U F I N X N C V S L W O B
L T L L R I Y C M M T L S H O
Q B L W E H O R H G A A K R E
E A A S H S A U Q S K B I E U
T L B G N O P G N I P T T K Q
L L T A A L C R O Q U E T O N
C E E S S T B S T F Y N L O A
P G K H Y E E K Y J L H E N T
D K S N P V B L A C R O S S E
C D A U I D U A L S W C G J P
J A B F H A T O L E P K E Z D
K R F O O T B A L L W E B O N
O M R H N C X C S D B Y Z D M
```

BAGATELLE	NETBALL
BASEBALL	PELOTA
BASKETBALL	PETANQUE
BOULES	PING PONG
BOWLS	SHINTY
CROQUET	SKITTLES
FIVES	SNOOKER
FOOTBALL	SOCCER
GOLF	SOFTBALL
HOCKEY	SQUASH
LACROSSE	TENNIS

Canadian Cities and Towns

```
V X E D W Y P B J X S M P W X
A O T T A W A V I C T O R I A
N R T P O R M E M X T N A N F
C W E Z O R C F F H P T N N I
O H J D L B O I U C F R I I L
U T U E N O T N O M D E V P A
V K J R F A D K T Q R A Z E H
E E I I C E G W T O A L F G K
R Y Y V R H N O O T A K S A S
E L R B U H I L L Q D T M N N
P U A U L N S L U E J L F I O
S Y G D B R I E L O O W C G D
A Z L W D D B Y H O W B N E N
J I A C Z E U N P P G B G R O
F R C K C T S S A C F M X O L
```

CALGARY

CHURCHILL

EDMONTON

GANDER

HALIFAX

INUVIK

JASPER

KAMLOOPS

LONDON

MONTREAL

OTTAWA

QUEBEC

REGINA

SASKATOON

ST JOHN'S

SUDBURY

THUNDER BAY

TORONTO

VANCOUVER

VICTORIA

WINNIPEG

YELLOWKNIFE

A Words

```
D K I A A B Y S S K Q S E M H
R A C A Q W D R G L P R A J A
R M Q D E U Y C A L W A T A R
N C N V V C A T M R G B T A E
X J Y E W D N P P I T H R S R
N O S R A E I E L J O I I S I
D S M T D Y A I I A T I B U P
A F D I O K T M F B N O U R S
E N C S R Y R J I J M E T E A
H C M E N A E J E F Q A E A O
A C F M E Z P K R A V D R A A
L Q D E D U P S J F P X X Y L
L R E N D R A S T R O L O G Y
O C I T N E H T U A N I M A L
Y V I D A T W O O M M I B B H
```

AARDVARK	ANIMAL
ABYSS	APPERTAIN
ACCIDENTAL	AQUAPLANE
ADORNED	ARBITRARY
ADVERTISEMENT	ARSON
AGILITY	ASPIRE
AHEAD	ASSURE
AJAR	ASTROLOGY
ALLOY	ATTRIBUTE
AMBIENCE	AUTHENTIC
AMPLIFIER	AZURE

Flowery Girls' Names

```
B X G P J Z B V A R N K W H D
I B U Q I H M T Z I U G D G E
Q Y Y O M E S L J J L E E J C
F D A B W A L L C N G H J C V
Y L M J F T R I M T Y D A L U
T Y Y F E H C G L T N B S D A
F E R N Y E R M U Y O E M G D
N O T L L R O V E E Y A I D F
N C L Y Y P S T B U R C N M M
S O E N P A E X Z I B I E I U
H T P J P L L T G V Q L T O W
Q F L N O T A O U Y Y E A E X
F O J I P N L F I N P G K L Y
H W V J S D L B N V I N G W Y
Z I F Y K V W J Y S I A D I K
```

ANGELICA	MARGUERITE
BRYONY	MARIGOLD
CICELY	MAY
DAHLIA	MYRTLE
DAISY	PETUNIA
FERN	POPPY
HEATHER	ROSE
HOLLY	SAFFRON
IVY	TANSY
JASMINE	VIOLA
LILY	VIOLET

What to Wear?

```
J W F T I U S S S E R D U F V
M M U S S O A E I N I K I B M
M M G T R I H S E I X C F L U
M T A O C R E V O G O R R O O
I I L C N L K K V H I E Q U V
J U O K K N J C S T J L C S J
B S S I I I E U O D A F G E E
T M H N Y F N C M R L F W E A
T I E G R D I T K E F U J K N
Q W S S R R A U O S S M S Z S
V S S E M H E A D S C A R F P
U N S E V O L G G W H A C P B
W S T R O H S W E A T E R F X
I D I O R E P M U J A K D F C
Y S W F G O C H T E K C A J C
```

BIKINI	MUFFLER
BLOUSE	NECKSCARF
DRESS SUIT	NEGLIGEE
FROCK	NIGHTDRESS
GALOSHES	OVERCOAT
GLOVES	SHIRT
HEADSCARF	SHORTS
JACKET	STOCKINGS
JEANS	SUNDRESS
JUMPER	SWEATER
MACKINTOSH	SWIMSUIT

People in Uniform

```
R E P E E K O O Z C V W T N N
S Y O B L L E B E W T R A Z J
E R L O T R L H D I A M E T G
C C I F M E K A Y I T I O G B
U L C W C T A U N S S L T G A
R E E A V H I D O G I Q B E H
I A M I C G R P N P N T U S R
T N A T S I S S A P O H S R S
Y E N R V F T O M T I S D U X
G R T E T E E L R U T N R N D
U O R S P R W D O N P G I E T
A L D S C I A I O W E H V K U
R I B W S F R E D O C E E H J
D A D X N I D R N J E R R O U
Y S H H E D I U G L R I G D I
```

AIR STEWARD	POSTMAN
BELLBOY	RECEPTIONIST
BUS DRIVER	SAILOR
CLEANER	SECURITY GUARD
DOORMAN	SHOP ASSISTANT
FIREFIGHTER	SOLDIER
GIRL GUIDE	SURGEON
MAID	TRAIN DRIVER
NURSE	WAITER
PILOT	WAITRESS
POLICEMAN	ZOOKEEPER

Intelligence

```
J D E L O O H C S H C R I G Z
Q R Z P T A Z A Z C O O U U R
H D Q I S E G D E L W O N K T
C E E Y M A E M B E N D J U H
W T U S C A O S W A E I T J G
S A Z I R D G E M R G O P K I
E C O G S E L I S H R T P Z R
N U L I D L V T N E H I T E B
S D W E R C A L D A G N H C W
I E P E V N A U L D T S G H A
B W A R D E U C O E L I U N P
L D K I A R R A U D W G O Q P
E M N F M H S F W M N H H N A
B G N I N O S A E R E T T H Q
N P S D W E R H S U I N E G V
```

ACUMEN	SAGACIOUS
BRIGHT	SCHOOLED
CLEAR-HEADED	SENSIBLE
CLEVER	SHARP
EDUCATED	SHREWD
FACULTIES	THOUGHT
GENIUS	TUTORED
IMAGINATION	UNDERSTANDING
INSIGHT	WELL-READ
KNOWLEDGE	WELL-VERSED
REASONING	WISDOM

Abate

```
B I T V O T G B D L F Q A N Y
O P O N V R X A L E R T R K S
R L T B E N A W Q U I E T O G
Q M D M R X H U T A N P O E H
K U I E G A U S S A E T S A L
T T M T C I G L T Q H T L O W
N E I Q I R D Q N E K C A L S
D D N N K G E J U T Z H M B L
X R I U R X A A P A C I F Y A
N E S S E L L T S R L S P A V
D D H G P R O A E E N I M W M
O U K M M R W Q A D Y B F W V
P C L L E N E T F O S U T Y V
V E A L T W R D K M E Y X E J
J C H X Z C E X L O N B O N P
```

ABATE	PACIFY
ASSUAGE	QUALIFY
BLUNT	QUIET
CALM	REDUCE
DECREASE	RELAX
DIMINISH	REMIT
DULL	SLACKEN
LESSEN	SOFTEN
LOWER	SOOTHE
MITIGATE	TEMPER
MODERATE	WANE

Admirable

```
B G S C G W O N D E R F U L A
J N D L B E N E V O L E N T I
P I B E A U T I F U L B E H P
R L S L P Y T N A R E L O T Y
K L U B G C O N V E B S F T G
R I O A A D E L L A U Q E N U
E R U R G E B B E O W L I E A
L H T U R F A E R G B M I L K
I T R O V U R E N A R K N L X
A B I V L G N I R A I H L E B
B M V A A E S I H N O M W C Q
L I V F G A S C D N X A I X P
E N B P E E R L E S S A A E K
I G W L D B Y S U P E R B M B
G M P T E H T Q F G Q F V F G
```

AGREEABLE	KINDLY
ATTRACTIVE	LOYAL
BEAUTIFUL	PEERLESS
BENEVOLENT	PLEASING
CHARMING	RELIABLE
DESIRABLE	SUPERB
EXCELLENT	THRILLING
FAVOURABLE	TOLERANT
GENEROUS	UNEQUALLED
HONEST	VIRTUOUS
INVALUABLE	WONDERFUL

Bend

```
T N E N Y R P F B C H G L F J
X G J U N C Y Y G U G W J X A
F A U H D A H Z O R E E G E X
W P E A W B C I D V V X N M S
E N S E D A U S R E P I E Y T
S O V F Q W D S E K F T V R H
X I W P D H L R D O B L R D T
G S T Q Z B U Q M K N E E L F
J S R G I T O P N R D V W C S
F I O E A N M F R M I C S J T
Z M B V W O C U U A V J R Q O
K B R E B O W L T X E L F E O
W U A A N G L E I S R N S N P
C S V I P D A A M N G W R X K
P O A K K Y V N D H E D E Z L
```

ANGLE	INCLINE
BEND	KNEEL
BOW	LEAN
CURVATURE	LOWER
CURVE	MOULD
DEFLECT	PERSUADE
DEVIATE	STOOP
DIVERGE	SUBDUE
EXERT	SUBMISSION
FLEX	SWERVE
GIVE WAY	TURN

Christmas

```
T Q A Q A U Y H W B Z E F V N
B N F R A N K I N C E N S E Y
O B E L L S N S O I B A M H Q
G Z E V E S A M T S I R H C O
Y N J Z D V T M J N R A L G M
E M T P I A I A T Z C T I X L
A V I O B E V N O E L S Y E L
B N U S E I I G B F E G U F I
Y R G T T C T E Y U H N L B W
J L Z E H L Y R V D A I E H D
E W L O L Q E X M M I D T S O
S G L O E V C T M P S I I D O
U A K G H M A E O C S U D D G
S W I S E M E N V E E G E T O
G X N O M C P P L V M N J T J
```

ADVENT	JESUS
ANGEL	MANGER
BELLS	MESSIAH
BETHLEHEM	MISTLETOE
CHRISTMAS EVE	NATIVITY
CRIB	NOEL
EMMANUEL	PEACE
FRANKINCENSE	SAINT NICHOLAS
GOODWILL	SAVIOUR
GUIDING STAR	WISE MEN
HOLLY	YULETIDE

Italian Tour

```
Y X S Z U L Q U J H M B N V V
V O M A G R E B P A D U A A R
L A S U I V U S E V I F L I V
J J T S N N G N Z C F E I R U
R A B I A N T E T N U O M B G
Q A Q V C S E N I N E P P A L
U F V V A A N E C N E R O L F
C B R E T O N A G U L E K A L
J O B M N Q I C R R M C M C L
N L R T P N Y K I G X I D O Z
A O D T I L A M Q T E N O Z R
P G S D I I I D Y Y Y E H U L
L N R C Y N A C S U T V W P J
E A I Q I P A L E R M O O T G
S S H B Q C K B W V K L A N P
```

APPENINES	PADUA
BERGAMO	PALERMO
BOLOGNA	RAVENNA
CALABRIA	RIMINI
CORTINA	ROME
FLORENCE	SARDINIA
GRAN SASSO	SICILY
LAKE LUGANO	TUSCANY
MILAN	VATICAN CITY
MOUNT ETNA	VENICE
NAPLES	VESUVIUS

N Words

```
J N I Y C W I T H G U O N N B
V C O C S R Q A I X M A Y O Y
Y W E D G I R C Q K B O F T W
R T S X D P O V V B K E I H A
Q R R Y T I T N E N O N L I Y
Q V U N E N N D U N O O L N C
K U N S O X O G E M I N U G M
E F R V C I H T I L O E N Y R
X O E J N F B N A R A I E B N
N L H E A A A Y W B L J C N F
T Y T C L T G E R B L A T U V
S R R L I B G J B I J E A G E
P C O O N I M I Y H D P R G U
X X N N A T N U M E R A T E S
G Q R N E G A T I V E V N T E
```

NABBED	NORSE
NADIR	NORTHERN
NECTAR	NORWEGIAN
NEGATIVE	NOTABLE
NEOLITHIC	NOTHING
NETBALL	NOUGHT
NIBBLING	NOVEL
NODDING	NUGGET
NOISY	NULLIFY
NOMINATION	NUMERATE
NONENTITY	NURSE

Summer Days

```
R R L Z L R B G S N D Z S F D
N I Z Q Z I M A E R C E C I C
C N S V K S Y T D S A D G Q B
H I U I Z A Z C A M P I N G I
J U N E L J O L H E O P I N O
D I B C F B A D S D H P H I M
U O U D I D L S N E M P S F E
H C R K M P H O U O I B I R A
J P N E T O I C S Y E A F U D
S N Y D R T E Q B A L F G S O
O L X T A B U T C Z R U K Q W
I U S C R I M H P J S A J N F
F V A A T T D O R T W Z P J E
Z V B O M Z N Y S U N T A N G
F K S I C S S V U G C U I K I
```

AUGUST	MOSQUITO
BARBECUE	PARASOL
BEACH	PICNIC
BIKINI	SALAD
CAMPING	SHORTS
FISHING	SOMBRERO
HEAT	SUNBURN
ICE CREAM	SUNSHADES
JULY	SUNTAN
JUNE	SURFING
MEADOW	VACATION

Affirmative!

```
K P U C J Z V B Y O I P T S I
F N C X D G G S P F C I V S C
F M R I F F A L D W I E E N Y
R H S Y H P L E D G E T N S G
J T E C P R P X F Y H N A P R
W Q U R E O G C F A S S E R T
E O O V S F M I M R I F N O C
V V A E L E T A G W L Y I T N
E I I A U S R I I L B R A E S
R I Z T E S N A Z N A C E S X
I H C T I D B Y L Y T W U T Y
F E U W O S D G W C S A O P I
Y Y P R O N O U N C E Q I V G
F U S T A T E P D H M D N N A
I E T Y X L Q D V C S E Z M Q
```

AFFIRM	PLEDGE
APPROVE	POSITIVE
ASSERT	PROFESS
AVER	PRONOUNCE
AVOWAL	PROTEST
CONFIRM	RATIFY
DECLARE	SAY
DEPOSE	STATE
ESTABLISH	TESTIFY
INDORSE	VERIFY
MAINTAIN	VOUCH

Aromatherapy

```
E K V F U L L E B E U L B S D
P F S I R G R E B M A Y W N H
X A F A S A N D A L W O O D E
W K S U M D N A K R A M A S N
P H L S Q R I G Q C L U O E I
E T W K I N C T I A B R A A R
O N Q H E O E A A P H V I G A
N I I D I L N T R S A S D R T
Y C R M O T I F I N E N Y A C
I A B I S I E L L E A U I S E
G Y V M L A G M R O R T L S N
Q H J O H N J F U T W N I B K
M C R S E L K C U S Y E N O H
P E M A Z N F P Y G K S R F N
N V U S E S O R E B U T I S H
```

ALMOND	MIMOSA
AMBERGRIS	NECTARINE
BLUEBELL	NEROLI
CARNATION	PASSION FLOWER
ENGLISH ROSE	PEONY
FRANGIPANI	SAMARKAND MUSK
FREESIA	SANDALWOOD
GARDENIA	SEA GRASS
HONEYSUCKLE	TUBEROSE
HYACINTH	VIOLET
JASMINE	WHITE MUSK

Airlines

```
P N H R H T T E M N Y P Y S C
G X Q Q E Z M Y C O A N Y E C
G U L F A I R M O S O A R N H
Z C A I R E B I N R W N I I L
A I L A T I L A T R Q R V L Q
L P T N F A H H I P A K A R J
S E C F R T W A N D N A R I E
S D K D F E H A E R T I I A C
I Y K U S S T K N C A D G N T
W O L T I U Z S T N S N P A Q
S O M T A D A N A C R I A P O
U N I T E D Y E L E V R T A Y
W R L O W E R I A N N I F J G
B E U L T O L F O R E A P V Q
D A I S K O L V T Q C X C R B
```

AEROFLOT	IBERIA
AIR CANADA	JAPAN AIRLINES
AIR INDIA	KLM
ALITALIA	KOREAN AIR
BRITISH AIRWAYS	LUFTHANSA
CONTINENTAL	NORTH WEST
DELTA	QANTAS
EASTERN	SWISS
EMIRATES	TAP
FINNAIR	UNITED
GULF AIR	VARIG

Seas

```
H U L B D S Q C X D X K S Q U
T F M T P Z O A N D A M A N N
G L E K K K B Z A R X H R R P
T O D A H L L E D D E W G N A
J R I O S J N T R O F U A E B
P E T Q Y T V F I I H F S J C
L S E Y D U C F A I N K S T V
K C R H R X K H T A Q G O E L
C G R A Z R I W I B A L T I C
B L A C K O H G C N M P G C A
N F N U N I E E Z K A U I O I
W D E I T W V L N L R O X R M
Y H A E R P C A R I B B E A N
N N N O A E G E A N A T L L B
E L N I K C Z N O L F N H F X
```

ADRIATIC	IONIAN
AEGEAN	KARA
ANDAMAN	LAPTEV
BALTIC	LIGURIAN
BEAUFORT	MEDITERRANEAN
BERING	NORWEGIAN
BLACK	OKHOTSK
CARIBBEAN	SARGASSO
CORAL	TYRRHENIAN
EAST CHINA	WEDDELL
FLORES	WHITE

Bearing Up

```
S F Z L P G X B D I N D P J V
A D W P U S F U R E F F U S N
V Y E O D F P V T H R C H M Z
H S F P L H T H X A H U J A N
Z H K Y O L X I T H T Q D I L
Y K B L H R A G U A R T H N P
O G D C D D T P K R O N P T E
J G F O T H N E V L F I R A R
O R A N L R A A E Q G A O I M
K T F V M W O R T I N T D N I
L K S E A L A P P S I S U V T
H M Q Y N T K I P U R U C N P
F U D L E I Y O I U B S E K E
R K L U M Y R R A C S T U R U
S U B M I T F A W Q D O D W E
```

ALLOW	STAND
BRING FORTH	SUBMIT
CARRY	SUFFER
CONVEY	SUPPORT
DEPORT	SUSTAIN
ENDURE	TAKE AWAY
FRUITFUL	TOLERATE
HOLD UP	TRANSPORT
MAINTAIN	UPHOLD
PERMIT	WAFT
PRODUCE	YIELD

Countries

```
V H A A Y Q M G S G U A O K M
F Y I E B A D O R T J D R T F
R A S L B Y N G E R M A N Y S
A U S T R I A J I T M N P U A
N G U D N A L O P N F A T A Y
C U R R R Y R O E P N C X G N
E R U N I T E D S T A T E S F
Z U A L E U Z E N E V H J O B
F U L A V U T Z I M B A B W E
E O B R A Z I L P T I I H Q L
A W C G X I W R P R R L V P G
M H G I R C S Y E U Y A Y A I
S A D V X X G G Q U J N L V U
W J M I R E L A N D D D D E M
V I E T N A M D Y K Y A U F L
```

ALGERIA	MEXICO
AUSTRIA	POLAND
BELGIUM	RUSSIA
BRAZIL	SWITZERLAND
CANADA	THAILAND
DENMARK	TUVALU
EGYPT	UNITED STATES
FRANCE	URUGUAY
GERMANY	VENEZUELA
IRELAND	VIETNAM
JAPAN	ZIMBABWE

Love Is...

```
M M E I W N O I T A R O D A O
G A H E N D E A R M E N T S K
A R F O N D N E S S G T R W I
Z R E S N G N O Z N R V A D I
W I N L T O A H I A F P E L S
Z A I U A S I L C T O V H S X
N G T F N T R T P V O H T T E
O E N R Y A I A C L K V E E M
I F E E D O R O E E T V E N O
S L L D N A F B N A F F W D T
S H A N M Z B A E S V F S E I
A E V O Y N O M R A H E A R O
P S U W L V C H A R M I N G N
K R H R V E R U S A E L P U E
S U S I T K T X L P X S A V S
```

ADORATION	MARRIAGE
AFFECTION	PARAMOUR
ATTRACTION	PASSION
BELOVED	PLEASURE
CHARMING	RELATIONSHIP
DARLING	SWEETHEART
DEVOTION	TENDER
EMOTION	TRUE
ENDEARMENT	VALENTINE
FONDNESS	VENUS
HARMONY	WONDERFUL

Here Boy!

```
I Z K P K R N A M R E B O D P
Y K S U H E L D O O P T F V F
K M U U B S X E F X E A X Y B
X W R L A U W O L F H O U N D
N A I T A M L A D O E B B T S
D G I X M S P L U X C G A I C
M A S T I F F X T T R Z S D H
N E N G L I S H S E T T E R N
C H I H U A H U A R R D N A A
X R E D S E T T E R N R J N U
B U R F N A D Z T I P S I R Z
D E Y O M A S V M E V J U E E
E U X O N R O D A R B A L B R
V Q P E K I N E S E C Z Q T E
I I A I Z T R E G N I R P S K
```

ALSATIAN	MASTIFF
BASENJI	PEKINESE
BULL TERRIER	POODLE
CHIHUAHUA	RED SETTER
DALMATIAN	SALUKI
DOBERMAN	SAMOYED
ENGLISH SETTER	SCHNAUZER
FOX TERRIER	SPITZ
GREAT DANE	SPRINGER
HUSKY	ST BERNARD
LABRADOR	WOLFHOUND

Here Puss!

```
A N X X E R N O V E D W A L E
N L E J N A I S R E P E V S K
S A R U O G F Z R Q U D E A U
Z R N U X Q F X T L V M R M R
T U A E C M U X B U A E O C I
N P M K H N M N P I L A O Z L
M A R O G N A H S I K R U T A
K G E K U I G C A A N P I O N
Y N G O S Q A N I I S K T N L
W I B S R T R N S R J I P K L
D S U R N I A H T M E U A I O
W R S I B E R I A N N M P N D
R N O O C E N I A M V M A E G
P M A N X U E R T R A H C S A
J F Z R S X J A V A N E S E R
```

AMERICAN CURL	PERSIAN
ASIAN	RAGAMUFFIN
CHARTREUX	RAGDOLL
CORNISH REX	RUSSIAN BLUE
DEVON REX	SIAMESE
GERMAN REX	SIBERIAN
JAVANESE	SINGAPURA
KARELIAN	SOKOKE
KURILAN	THAI
MAINE COON	TONKINESE
MANX	TURKISH ANGORA

Easter

```
R  I  Y  G  C  H  M  I  M  L  I  A  N  E  F
G  U  R  E  S  U  R  R  E  C  T  I  O  N  C
P  I  O  T  T  A  X  S  E  O  H  G  I  O  L
H  Q  W  H  H  X  R  N  E  N  I  Y  X  M  F
T  O  R  S  H  O  O  F  B  S  E  W  I  I  Y
I  E  J  E  X  T  M  X  S  E  V  S  F  S  F
E  W  R  M  S  G  N  A  M  P  E  Z  I  S  B
L  J  B  A  A  V  V  I  S  U  S  Q  C  R  S
E  K  D  N  B  G  B  Y  N  L  Q  Y  U  C  G
K  U  Z  E  B  V  D  K  C  C  A  O  R  H  H
J  P  I  L  A  T  E  A  Z  H  R  I  C  F  P
G  U  S  N  R  O  H  T  L  R  B  O  A  N  E
C  A  L  V  A  R  Y  C  Y  E  F  N  S  P  T
W  R  M  Z  B  W  R  B  S  F  N  J  W  S  E
Q  E  H  W  O  N  O  I  V  I  N  E  G  A  R
```

BARABBAS	RESURRECTION
CALVARY	RISEN
CROSS	SCRIBES
CRUCIFIXION	SEPULCHRE
GETHSEMANE	SIMON
JUDAS	STONE
MAGDALENE	THIEVES
NAIL	THOMAS
NINTH HOUR	THORNS
PETER	THREE
PILATE	VINEGAR

HIGHs and LOWs

```
L T W H I G H B A L L D H L G
O Y E J Y D G I H H I I O L L
W O K L H L E X G A G W N O Y
T H T O I L N D P H C H Q W T
I I N W G F L W N H W L M W I
D G I T H W O O U A O I W A L
E H O E K L O R W W H B R T E
H B P N I N C D P B R H P E D
I R W S C H D I V W O I G R I
G O O I K W T G G P O R M I F
H W L O W C O M E D Y L N C H
W S A N H I G H R A N K I N G
A V I E M I T H G I H H C R I
Y V D Q C G R A T L A H G I H
B L G N U L S W O L C J W P X
```

HIGH ALTAR	LOW-BORN
HIGHBALL	LOW CHURCH
HIGHBROW	LOW COMEDY
HIGH FIDELITY	LOW-PAID
HIGH-HANDED	LOW-PITCHED
HIGH KICK	LOW POINT
HIGH NOON	LOW PROFILE
HIGH-RANKING	LOW-SLUNG
HIGH TIME	LOW-TENSION
HIGHWAY	LOW TIDE
HIGH WIRE	LOW WATER

At the Theatre

```
K H E O E G A T S W Z Y F Z J
S C C R C U R E C U D O R P A
Y A N C I A G U N A R Q O M L
C B A H T Z Q O L T E I T A U
F D M E I Q D G L N S X C K G
Y E R S R L N L C A S G A E U
P I O T C I L O N L I S H U W
T X F R D Y R U A S N D F P O
E W R A X E G S S F G V N L H
D R E Y O F R L E I R B M A S
G L P T B A C K C L O T H Y C
W U S S E R T C A A O N C E R
A C F H A J S G M J M I I R I
Y R E V I E W Y R E N E C S P
X R Q F I A L I M E L I G H T
```

ACTOR

ACTRESS

BACKCLOTH

CRITIC

DIALOGUE

DRESSING ROOM

ENCORE

FOYER

ILLUSIONIST

LEADING LADY

LIMELIGHT

MAKEUP

ORCHESTRA

PERFORMANCE

PLAYERS

PRODUCER

REHEARSAL

REVIEW

SCENERY

SCRIPT

SHOW

STAGE

Here Be Dragons!

```
I U L F N G U A M S S L V C G
W X U K M R T E B D U H S U M
K B H Y G I K E R K J S C G L
H E G G R S L A R I N F A F X
R Q L B N U C G N O G J T S A
E E A N A O K U G M R P H L B
V S U I O K L A D O N X A A N
X D R B D R L D H Y H Z X V P
P G U P U A B C N A N D T J S
J T N E C I F E L A M N I T P
C S G N Y C I A R W L K A N O
J W A W E L L Q S T E Y M D S
Z L R E H A S I H P O P A V A
C O O I P Y D A E N K P T M P
P O F A L K O R E T W E Q A R
```

ANCALAGON	HAKURYU
APALALA	LADON
APOPHIS	MALEFICENT
DANNY	MAYLAND LONG
DRACO	MUSHU
DUCY	NIDHOGG
FAFNIR	NORBERT
FALKOR	SCATHA
GLAURUNG	SMAUG
GRIAULE	TIAMAT
GRISU	WAWEL

Horses

```
B P E P W I Z G T H K A Z A K
A S A D Y Q J E A O N N G C A
L H X L N M G O T L A N D E N
U I A P O N M D J S I W O E S
C R T G P M G X N T S C G W U
H E E R D F I O A E E N E D F
I G C N N U R N L I I A S N F
C D N U A D T A O N R I R A O
E Y J A L Z D C O E F B O L L
L O L A T S Z R H R Y A H T K
A O N A E S G I Q D C R N U T
N D B D H D U Y P L R A N J P
D U Y H S G J M G I B A I Q Q
I L T G R U B N E D L O F N Y
C G O K N A I L A S S E H T R
```

ARABIAN	JUTLAND
BALUCHI	KAZAKH
CLYDESDALE	LIPIZZANER
DUTCH DRAFT	MUSTANG
FINNHORSE	NORDLAND
FRIESIAN	OLDENBURG
GALICENO	PALOMINO
GOTLAND	SHETLAND PONY
GRONINGEN	SHIRE
HOLSTEINER	SUFFOLK
ICELANDIC	THESSALIAN

Books of the Bible

```
E S N A M O R L A O A I X H A
X I U X X Z E C H A R I A H G
O Z U I D A V H E B R E W S U
D A N I E L E K W T H W N N C
U U A R U M L C P H A O X U J
S H O P T G A L A T I A N S G
N S F E E P T X B T N D E N P
C O Z P R R I S A I A H V J J
F J D H O O O T I U H X E U Q
S F C E N V N H V S P R N D R
E M Q S O E N U M B E R S G S
M F L I M R U L W M Z N A E G
A X V A Y B W T I T U S E S V
J Y L N S S M A L A C H I G U
S A Z S L P H G I D R J Q F D
```

DANIEL	JUDGES
DEUTERONOMY	LAMENTATIONS
EPHESIANS	MALACHI
EXODUS	NUMBERS
GALATIANS	PROVERBS
GENESIS	PSALMS
HEBREWS	REVELATION
ISAIAH	ROMANS
JAMES	TITUS
JEREMIAH	ZECHARIAH
JOSHUA	ZEPHANIAH

Chess

```
C D R E T S A M D N A R G S K
K K C D N N K L G B G B V R S
T I B M A G E T A M K C E H C
R E H C S I F M D F B H X O R
J P O H S I B H A G F X L S C
Q O B L A C K V K N I G H T W
E U L B P E E D Y I R Y C K F
J J E A N C A S T L E U A C C
X G W E E A N X B T S S O H K
K N K I N G B R Y S P L E T S
T O A O Z N Y D K A A S B A P
Y X T D O J K H R C S H L R U
W Q H F B R O O L M S W G F Q
U H N J M O V E S W K A G A A
S X R F D R A O B K Y S A G A
```

BISHOP	GAMBIT
BLACK	GRANDMASTER
BOARD	KASPAROV
BYKOVA	KING
CASTLE	KNIGHT
CASTLING	MOVES
CHECKMATE	PAWN
CHESS	QUEEN
DEEP BLUE	ROOK
EN PASSANT	SPASSKY
FISCHER	TOURNAMENT

It's Cold!

```
R F G U W Z Y B F Y C L A U V
I E Z Z S N L W E R N R R W I
O M F R E E Z I N G I O C Q H
C G D R A Z Z I L B Y G T C Z
Q A L K I W M T C M S H I S Y
L D N A Z G P B P H T Z C D T
S G Y W C B E S I Y I S O S A
L N S J U I K R M C R L O Z L
E I O V X M A E A C E T L R D
E P E W D N L L A T M B N Y F
T P O M S C F R A L O P E I X
X Y S I I T W K E P S R S R W
T E V C K C O L D N E S S R G
A D I L E G N R E V I H S L U
A A R M K T S D M U R M Q G Q
```

ARCTIC	ICEBERG
BLEAK	ICICLE
BLIZZARD	NIPPY
CHILLY	POLAR
COLDNESS	REFRIGERATOR
COOLNESS	SHIVER
FREEZING	SLEET
FRIGID	SNOWFLAKE
FROST	SNOWSTORM
GELID	STONY
GLACIAL	WINTRY

FOR Words

```
L U B N T S E R O F F N Y V I
Z F K E A G E K A S R O F E F
Z Y O R A K L D R A W R O F P
S J F R M A C I G G Q F R T P
E F O F M F F I P T O D L B F
J F O R O U R E S R V A O O L
V D O R T R L A G N I D R O F
U F B K F I C A E S E E N J O
L I F B G E V E F W A R L K R
D Y T O R E I O F R S E O W E
E H K O R A R T M U M R B F I
K V F O R T R E S S L Q O P G
R Q B H U D I R E V E R O F N
O D K N O M Y F P V A N S V H
F Y E C C X M Z Y U R G S D B
```

FORAGE	FORGAVE
FORBID	FORKED
FORCEFUL	FORLORN
FORDING	FORMAL
FOREARM	FORMULA
FORECAST	FORSAKE
FOREIGN	FORSWEAR
FORENSIC	FORTIFY
FOREST	FORTRESS
FOREVER	FORTUNE
FORFEIT	FORWARD

What's That Noise?

```
E G C F N H K J L D G R O W G
R M R Y O G Z D T B C N A X G
R H X O K L U R Q K C I L C B
X W T Q W A R R Z G P H S Z F
P C A C K L E L G N A J I H N
C K H Q Q N T U U N I Z Z M W
R V E H N R T O Q W Z G Z Q E
P G N I G N A B T S H N L U V
G O D S R G L O Z U V A E U B
P K P S Y H C O M E Q L U Y F
P W Y P S F S M N C G C P M B
B M D A I A I I E R R L Q L A
R D L T K N H N U O O I X H T
H P V C G W G G A Y K N F Q M
S K V E A W H K T D T K R H Z
```

BANGING

BOOMING

BUZZ

CACKLE

CHIME

CLANG

CLATTER

CLICK

CLINK

CROAK

GROWL

GURGLE

HISS

HOOT

HUMMING

JANGLE

POPPING

SHRIEK

SIZZLE

SPLASH

SQUEAKY

WHINE

Time

```
N H J V T F C N X E G A Y H W
T M U H E M R D O M U A U I F
Y U G T O U E Q V I D H N Y I
G I N A O C F S B D I T D E F
N N L H A M S A I U E U V A E
V N M D F O O M U R Z E F R Y
N E E H R R Y R U T N E C A U
W L E T U N I M R I U U N H B
A L O N P I G W N O V M S D D
I I N O O N P G P R W N N K N
N M Y M I G H P Y A D O T Z D
B P E R E M M U S W C X B U U
C P P S X O Y X U E M F F B X
A S Y M L G Z O S E H P V U K
Y D S S W X X X R K Y R Q V R
```

AUTUMN	NIGHT
CENTURY	NOON
DAY	SECOND
DECADE	SPRING
EVENING	SUMMER
HOUR	SUNRISE
MIDDAY	TODAY
MILLENNIUM	TOMORROW
MINUTE	WEEK
MONTH	WINTER
MORNING	YEAR

Trees

```
F K L C I J J L I E U Y U H B
M A Y W X T G H N L J I Q S O
T S E Q U O I A P S O B Y C T
Y P E D O D L W U R A C W E A
G E G A S P B T T I A W L D A
W N R T D S P H L M T P O A K
I P S E A Y E O O O A O B R W
O Z U P L C N R N M W Q E R I
L K K A R G E N P D B J E L L
I Y C L A B G W E Y E M C E L
V U Y M L I Y R O K C I H Z O
E Z P T P Z C G N T U N L A W
W A Y N O B E A S Q R W K H Z
J O O U P C Y K C J P S H S D
F F W O F M C T M A S R K S U
```

ACACIA	MAGNOLIA
ASPEN	MAPLE
BEECH	OLIVE
CEDAR	PLANE
CYPRESS	POPLAR
DATE PALM	REDWOOD
EBONY	SEQUOIA
EUCALYPTUS	SPRUCE
HAWTHORN	SYCAMORE
HAZEL	WALNUT
HICKORY	WILLOW

Whodunnit?

```
B Q Y L M E C I L O P E S E U
M P D T A V E Z D Q Z F M Y N
U V O P D I S G U I S E P R L
H D B J Q T R I I T W F N E Z
S E U L C O N T N P O G C T M
J S F X O M N I H R D N B S J
Z Q N S T O R I E S E I K Y S
E P E X P P D N R D T V F M C
L D E A T H S S I S E L L O M
L Y E O L I J V T D C O F T Q
P W O I C I E L A A T S E E C
F F E S Z M B I N E I H Y L P
P Z K N I F E I C L V N I C E
G N I R R E H D E R E I S K I
C J C R N X A G M B Q B V Z E
```

ALIBI

BLOODSTAINS

BODY

CLUES

CRIME

DEATH

DETECTIVE

DISGUISE

EVIDENCE

FOOTPRINTS

FORENSICS

INHERITANCE

KNIFE

LEADS

MOTIVE

MYSTERY

POLICE

RED HERRING

SOLVING

STORIES

TRIAL

WEAPON

Olympic Venues

```
P M N H Y M Z G Z T H D H L D
Q X C S Z T E T J D O M E S T
T Y A Z A E I L I O U K W I P
S E L N N R U C B R L S Y U Z
N L G K O K A N O O O E M O R
E L A C G L X J S C U M V L K
H A R K P B E A E E I R T T P
T V Y E L S N C C V O X N S O
A W K D A G Y E R B O U E E E
T A T R E U L D X A E A L M Z
L U G L R M I N N S B R U C K
A Q E V T D Q L N E A Y L P I
N S M U N I C H Q G Y X P I F
T F O R O P P A S L O N D O N
A P P A M U O S E J Z U Q L F
```

ATHENS	MONTREAL
ATLANTA	MUNICH
BARCELONA	ROME
BERLIN	SAPPORO
CALGARY	SARAJEVO
INNSBRUCK	SEOUL
LAKE PLACID	SQUAW VALLEY
LONDON	ST LOUIS
LOS ANGELES	ST MORITZ
MELBOURNE	SYDNEY
MEXICO CITY	TOKYO

TIN and CAN

```
D F S X A W O F O A C T T D U
A X T I N I E S T C A N A R Y
P I E L G N I T U R E R I O R
C S B T K R M Y E T L O Y K E
A D A N A C N V K M I H Z Y D
N W O Y B D E S H C B N V H N
C T I N K L I N G K A I N O I
E E V Z I E Z D R D T T Y I T
L J E T C Y Z G N O N N N B T
C A N O P Y I O F A A U D I D
G A Q O U Z L I X C C A B S T
C C A N T O N E S E Z N Z R S
U O T L A B I N N A C B A Y P
M R X S Q E T A L P N I T C K
G Y B T I N K E R L E S N I T
```

CANADA	TINDER
CANARY	TINGLE
CANCAN	TINHORN
CANCEL	TINIEST
CANDIDATE	TINKER
CANNIBAL	TINKLING
CANOPY	TIN LIZZIE
CANTABILE	TINNITUS
CANTILEVER	TIN PLATE
CANTONESE	TINSEL
CANYON	TINTACK

Elements

```
R U H C X I L R C R B U A U U
X I V E S S H X E F B W N R I
V A N A D I U M H N N H A O N
W O U C F F L U O R I N E F G
N P O T A S S I U M I D M L Z
Z M U I L E H M C U I Q O I Z
C Y A F U R J O M O C Q N I T
M A L D M U I R A B N C E I X
H E L H I Z W H Y D R O G E N
I O R C N K H C M U I D O S Z
G R F C I O I N T T S P R U W
S L Z O U U O T U N G S T E N
P Z C E M R M T I T A N I U M
C D A J O X Y G E N Y A N D U
I I J B E Y Q K E D B P E M Q
```

ALUMINIUM	NITROGEN
BARIUM	OXYGEN
BORON	POTASSIUM
CALCIUM	SILICON
CHROMIUM	SODIUM
FLUORINE	TITANIUM
GOLD	TUNGSTEN
HELIUM	URANIUM
HYDROGEN	VANADIUM
IODINE	XENON
MERCURY	ZINC

Wild West

```
N R U J L P S N R O H M O T A
T T E R R A G N A E B Y O R R
P R S H E R I F F F O M T J I
V F G S K E R M K M B T R E N
V P Y N L O U A T S E Z P S G
X Q L S A M O H T K C E H S O
E T C W W G U O C S U K E E A
U A U A E F N O M W Y U A J K
S F C L O E R O K C O R R A L
A Z A T J C Y J T Z P Q N M E
L F S U Y A D I L L O H N E Y
O Z S O Y G S A M B A S S S H
O B I L L Y T H E K I D S P Y
N I D R A H A G Q U Y Z C R L
Y I Y E E X J B H G F R W A Z
```

BILLY THE KID

CASSIDY

CROCKETT

DALTON GANG

EARP

GARRETT

HARDIN

HECK THOMAS

HENRY STARR

HOLLIDAY

JESSE JAMES

JOE WALKER

OAKLEY

OK CORRAL

OUTLAWS

RINGO

ROY BEAN

SALOON

SAM BASS

SHERIFF

TOM HORN

TOMBSTONE

Amusing

```
I L W I E P Y Y P Y S P P L A
M Z B T L K N L L A C I M O C
J R C E N P Y N E D D A L G Y
A F A Y G E W G A M E B R N G
L S Y H C U M C S X W O S O R
E K N L C X I I U Q F Y A I G
S K Z M E L S L R Q A B Y S O
T D S C O V Q K E R V D P R P
W Y W R V N I A T R E T N E R
N U F A F Y A L P C M M E V T
G G N E V I L N E M I H L I S
D K O T R E V I D R T G I D D
G X S Q R T V E T E S U M A Z
Z X C H E E R H Q T A A S K K
H I C B D T Q T E Z P L Q T W
```

AMUSE

BEGUILE

CHARM

CHEER

COMICAL

DECEIVE

DIVERSION

DIVERT

ENLIVEN

ENTERTAIN

FROLIC

FUN

GAME

GLADDEN

LAUGH

LIVELY

MERRIMENT

MIRTH

PASTIME

PLAY

PLEASE

PLEASURE

SMILE

Help!

```
G O C U E E Y V K U X M U P D
Q O O R F T O C A W M F R T D
M M A I E T A R E P O O C T K
F X S I A B D T L F M L Y D X
G Y S E D W V O I O Y L A R P
V X I E R I A H T L P O O E E
P Q S X D N N E T P I W N L H
X Q T G N N C G U Y R C S I I
E P S Z O F E S P E O V A E Q
I J O J C U G I U U E W S F P
R Q O X E R M Q R B H V J W J
T E B A S T G A H F S O R O N
D K H M K H G U E V E I L E R
T J S P E E D E L Z V B D Z S
I W I Y T R O P P U S I N Y S
```

ABET	FURTHER
ADVANCE	HELP
AIDING	PROMOTE
ASSIST	RELIEF
BACK	RELIEVE
BEFRIEND	SECOND
BOOST	SERVE
COOPERATE	SPEED
ENCOURAGE	SUBSIDY
FACILITATE	SUPPLY
FOLLOW	SUPPORT

Camping

```
K I H A T C H E T A E R T E R
G T O Y E U A H C T I P F J E
T N P A N O U T D O O R S N L
M E E J K C A S K C U R J O I
M R N B G X O J K Y D S I X A
B I A A A T N E T N Z S E L R
Q F I F B C T K U V G E V Q T
Y P R L G K K O Y U L N A I B
O M Z Y N R R P Y E W R C F T
N A X I I G I R A K Z E A H B
N C F P P N O D K C R D T I H
I E P M E P G N D S K L I K Q
T I A H E X A P M L I I O I D
J C M L L O G A A W E W N N D
J D K N S N I A T N U O M G S
```

AXE

BACKPACKING

CAMP FIRE

CAMPGROUND

FRYING PAN

GRIDDLE

GUY ROPE

HATCHET

HIKING

MAP

MOUNTAINS

OPEN AIR

OUTDOORS

PITCH

POCKET KNIFE

RETREAT

RUCKSACK

SLEEPING BAG

TENT

TRAILER

VACATION

WILDERNESS

Collectibles

```
N B F D S C I M O C F J A A X
T S H P A R G O T U A R U W J
B R Y N A S X C V V A M A T I
W A J O S G N N P Y R Q E V B
S E R U T A I N I M R P L O R
J B Y T E L B B P E O L B B S
P Y T S K F S F C B D A N E H
S D R A C T S O P H O T O S E
M D H S I T R G K S H E L L S
Q E G P T D J O N X Q S G V K
M T D M S S S E P I C E R J I
B U G A K L H K L A R O Y A N
R C G T L S L T J C G Y I P W
F T N S Y S K O O B J H E N U
Y G S Z Z Y C S D M V U P K S
```

AUTOGRAPHS	MUGS
BOOKS	PHOTOS
CAMEOS	PLATES
COINS	POSTCARDS
COMICS	RECIPES
DOLLS	RECORDS
FLAGS	SHELLS
KEYRINGS	STAMPS
MEDALS	TEDDY BEARS
MINIATURES	TICKETS
MOTHS	TOYS

Down Words

```
A T E Y T V Y D I C F L U B S
Z D K W A R D O N S H G R Q K
I Z N Y U C W L F I R H E I C
D E J T J W Z E E Z W F B N W
N L B H L C Z A L I T T U R N
P W X B Z R L X Q N F J P A I
Q I O F K D R A U G H T D G P
S W I T Q B E A T H D I N P S
W T Q H W T U T E L U I L I D
N F A G H U E P R O Y G D L V
E T J I R K V S C A L E X N M
K Z S R R U O P L D E L T Q A
I M T A X S V P X I I H A B S
Z C M P C S T D T N H G H F M
E J Y S Z Q L B Q G R A D E D
```

BEAT

CAST

DRAUGHT

FALL

FIELD

GRADED

HEARTED

HILL

LOADING

MARKET

PLAYING

POUR

RIGHT

SCALE

SIDE

SIZING

SPIN

STAIRS

TOWN

TURN

WARD

WIND

I Words

```
Y T R W V B E I S A A I R I G
C A N W S S Y Y G S G L M C N
Y T J E I O N S Z N E P U E I
R N C M D N N C I T E N J N N
O A E M H N O T A A S O L E O
V T I K P U I I C E I E U L R
I S D O R N T H I C Y R V S I
J N Y O G I A W S N D Y E N N
L I L D N E T N I A H J E B I
O W L I C Q I Q M L X E Y I I
L Z I L L U M I N A T E R C B
L U C A E H I T U B O J B I G
Z P P O J G C I M M I N E N T
H W I R E L A N D I S A D G K
S Z U O G E I L Z Q G U G R S
```

IBERIA	IMPEACH
ICING	INDENT
IDYLLIC	INHERIT
IGNEOUS	INITIATE
IGNITING	INSTANT
ILLEGAL	INTEND
ILLNESS	INVEST
ILLUMINATE	IRELAND
IMBALANCE	IRONING
IMITATION	ITEMISE
IMMINENT	IVORY

Rose Varieties

```
D C M A I R Y M L P E U E C V
G W T S M S H O T S I L K E B
R A A H I Q J Z O C U D F T T
E E F R F L O R I B U N D A A
B U B A F J S G Q F F D R G T
E F Q M P A A S I I M E A S W
C N E M I M L C M C L A D T H
I V L L W L D B K L H H N F K
N H U O I E C N E W C T A I A
S J N S N C X K S R O A T K V
D S Y M C R I Z O U T O S E F
D P A P R I K A R T M I D M F
Y N B D L O G I A M I I N N D
X V M G N I P E E W R F S E K
Z V N S W T J L T B U S H W V
```

ALBERTINE	JACK WOOD
ASHRAM	JULIA'S ROSE
BRIDE	KIFTSGATE
BUSH	MAIGOLD
CLIMBER	MYRIAM
DENMAN	PAPRIKA
DWARF	SHOT SILK
ELLE	SNOW MAGIC
FELICIA	STANDARD
FLORIBUNDA	TEA ROSE
ICEBERG	WEEPING

Trademarks

```
X G T H E R M O S C T L R P F
D E G C S N G A Z I M M E R A
O Y R H Z E I Y P X Y R Z E Q
N T L O L U R L E S S H T Y H
A G J O X G H T E P A S L X N
C O A V P N R H E S T B E O O
C R B E J O J X V Y A W S D T
E C B R G O N C R K T V A I H
M L Q J T Z R O E L S N K A F
Y E B J C N F L M E O I L D B
S V M B L O I P O E T B A N H
H P U L A T Y K D N O R T A I
D E V M E R Y M E E H P U B R
A I P V E L C D S X P P B Z C
D J P X O Q I S Q T B D S U S
```

ALKA-SELTZER	PERSPEX
BAKELITE	PHOTOSTAT
BAND-AID	PYREX
GORTEX	SCRABBLE
HOOVER	SPAM
IDENTIKIT	STYROFOAM
KLEENEX	THERMOS
LEGO	VASELINE
MECCANO	VELCRO
MONOPOLY	XEROX
ORLON	ZIMMER

Words with TEA

```
X I T E A S I N G V O D T T P
N X O E L K U A E T A L P E R
M I F R S U A S G E C A T A O
U U A E T A G E T U R K E R T
J N H H O M E S T E A D A I E
H S R J T Y N T V S A H M N A
S T E A L I N G P R F L S G N
T E I J T V S L E I L E T A Q
E A C D C E E T M P R M E H Y
A D H S T E A D F A S T R B Y
M Y A G O E T B M U N Q S F N
E D T W T Z F H L A E T U L G
R U E N T D G C L E J T Z R F
D K A L L A E T C A R B L P B
N Z U S T E A R A T E Y P V H
```

ANTEATER	RATEABLE
ATLANTEAN	STEADFAST
BEEFSTEAK	STEALING
BRACTEAL	STEALTHY
CHATEAU	STEAMER
GATEAU	STEARATE
GLUTEAL	STRIPTEASE
HOMESTEAD	TEAMSTER
INSTEAD	TEARING
PLATEAU	TEASING
PROTEAN	UNSTEADY

Weather Forecast

```
M E U A O D A N R O T S Z L R
E X B X J W W E H A Z Y C H E
T L H A L J D M R E H T A E W
Y Y K Z R N M Y Q F E I P Z O
S M P T U O M K I M J L L U H
O R A H N O M X P Y A I T B S
R O T H O O K E W Y G B L S U
I T H L F O R O T H T I Z E U
H S G Y Y A N F T E Z S N M E
P S U D T S P N M Z R I I K J
T L O U Y B I E A R H V A M M
I E R O G N X R L S A J O R P
X E D L G K D D N I W W D J R
D T Z C O R M U E J A F B D S
B T S K F H S P R W Q N F J Z
```

BAROMETER	SNOWY
BLIZZARD	STORMY
CLOUDY	SUNSHINE
DROUGHT	TEMPERATURE
FOGGY	THUNDER
GLOOMY	TORNADO
HAZY	TYPHOON
LIGHTNING	VISIBILITY
MISTY	WARM FRONT
SHOWER	WEATHER
SLEET	WIND

Bad Words

```
A O Z J P P V H V U C J Z D Y
U Q X R K L D I S H O N E S T
I R A S C A L L Y Z E T M U H
U L T L U E Y U Z O R M A O G
S H U U U O Y I F I Y B Y I U
I U C F S R V J M E O Q L R A
N R O E M Z Y E W M L L D U N
F T R N R R N F I Q O A Y J O
U F R A I T A N C H B R B N X
L U U B A A A H K Q C A A I I
I L P L L B L E E H M S E L O
L F T O L Q X L D W V Y I E U
T T P E R N I C I O U S Q M S
I W L I V E Q D E V A R P E D
E O F K E R Q A S N N T K G V
```

ABOMINABLE	IMMORAL
BAD	INJURIOUS
BALEFUL	MISCHIEVOUS
BANEFUL	NAUGHTY
CORRUPT	NOXIOUS
DEPRAVED	PERNICIOUS
DETRIMENTAL	RASCALLY
DISHONEST	SINFUL
EVIL	VILE
HARMFUL	VILLAINOUS
HURTFUL	WICKED

Chinese Towns and Cities

```
F J S R R Q I Z N Q V P R P X
U O K I A H B U H T L N G X O
Z G K O L H H E S U Z H O U V
H Q Q S A S Q G I G P R U F X
O A D G N I Q G N U L E E K F
U L R A Z L W A C E F C X C O
K B D I H I Y A H A F O D S D
T T E R O I I K U N M I N G I
G G J I U J I A N G A F A C K
Q N N G J G N U H C I A T K F
G N A I J I L U W G N O T A D
W Y M Y J R N L H B N A Q M S
O H Y N O N F G N O N A U G K
F T A I Y U A N G F O S H A N
B K Y T H V L N A H S E H S D
```

ANSHUN	KEELUNG
BEIJING	KUNMING
DATONG	LANZHOU
FOSHAN	LIJIANG
FUZHOU	LUOYANG
GUIYANG	NANJING
HAIKOU	QINGDAO
HESHAN	SHANGHAI
HSINCHU	SUZHOU
JIUJIANG	TAICHUNG
KAIFENG	TAIYUAN

Extinct Animals

```
O I P O I P E P M P T X H F N
O M L I A R E P I N S U D I X
B C A P E L I O N C I R I N N
P U Y M B F E I H A W A K A K
C A S P I A N T I G E R P T F
U U A H Z I L E Q I S R D L J
S R N G W E A I R U A M O A P
S O R R R R K W T T A W D S V
V C A N G E E N A I U G O B Y
R H I J Y V A N I H G H G E B
I S L N X S S T S M X E H A S
L Y R E G I T N A V A J R R I
C E F L O W O Z E U M E Q K D
L U K O T H R U S L K B S B B
S T B L U E A N T E L O P E L
```

ATLAS BEAR	HONSHU WOLF
AUROCHS	HUIA
BALI TIGER	JAVAN TIGER
BLUE ANTELOPE	KAKAWAHIE
BUSH WREN	LAYSAN RAIL
CAPE LION	MOA
CASPIAN TIGER	PIOPIO
DODO	QUAGGA
EZO WOLF	SEA MINK
GREAT AUK	SNIPE RAIL
HAWAII MAMO	TARPAN

Fictitious Towns

```
L H C T A P G O D M R I U Q G
V G C K Z S B G D T Z D K H M
V N R I R T D R M A N T S I H
L S S E W A S R I U R F H I M
S N R T T D P P O G D O V I F
U K U D M S I H Y F A A D O N
N C A B I A E M T A P D N L W
N I T E D M R H I U L E O A E
Y W L D P A S Y C E O Z T O X
D T A R B N H D M R M S E S N
A S N O S O I A A E A A S H G
L A T C K H R W H L A B U I Q
E E I K L C Z J T Q E D O J B
P N S C H I Y P O A H N M P E
N O E S P R I N G F I E L D Y
```

ATLANTIS

BARCHESTER

BEDROCK

BRIGADOON

DIMSDALE

DOGPATCH

EASTWICK

EL DORADO

GOTHAM CITY

MIDDLEMARCH

MIDWICH

MOUSETON

QUIRM

SOUTH PARK

SPRINGFIELD

ST MARY MEAD

STEPFORD

SUNNYDALE

TWIN PEAKS

XANADU

Words with AND

```
K L U W G M R F A D N A G U R
M V I S C A H K V N B U X N V
D C E I R H O L L A N D D B R
F T C R R W A V N C P U A I M
U D D Q A O A D N U O B B B X
G B M Y C N O T D R J A H Z U
M H R D D N D D L V N S D B O
O D W A E X P A N D E D N D R
S M L P N D N H L A P L A N D
A P S A T D N R T C T A R A N
N H Z N O A Y A E I P J R L A
D V T D K F N N M D P N E S L
Y D N A C A N D L E N A G I O
P Q J W E F S O E A R A W L P
O G K J P D K M F M I Z W P Q
```

ABANDON	POLAND
BRANDY	RANDOM
CANDLE	REMANDED
CANDY	RIBAND
ERRAND	SANDY
EXPANDED	TANDEM
HOLLAND	TANDOORI
ISLAND	UGANDA
LAPLAND	VANDAL
ORLANDO	VERANDA
PANDA	WANDER

Fruits and Nuts

```
Z Z S R B E Q R F G E C B T R
C Y T U N L I Z A R B M B T T
O S R Y W T U N L A W L F A U
C R A N B E R R Y P U W N N N
O L W A C H T J N E V G B G L
N S B C H M A J B F E W R E E
U J E E E D P E H R D S A L Z
T Q R P R K R I I U N Z Q O A
A A R G R R Z N S I I D Y C H
U L Y H Y U E E W T R Q B X G
Q T M A R D A V O C A D O W M
M Q K O P E A N U T M C Y M A
U G M S N A T U W O A W H Y N
K Y D Z Z D P O T D T O W I G
L Y S E Q U I N C E G N A R O
```

ALMOND	ORANGE
AVOCADO	PAPAYA
BLUEBERRY	PEANUT
BRAZIL NUT	PECAN
CHERRY	PISTACHIO
COCONUT	QUINCE
CRANBERRY	STRAWBERRY
GRAPEFRUIT	TAMARIND
HAZELNUT	TANGELO
KUMQUAT	TANGERINE
MANGO	WALNUT

Floral Arrangement

```
P P V S P I L U T V V E K Z Q
V I X C P I K W E M I S E G K
I L J A L U M I R P F O H S O
V K N A I S H C U F J W L R B
F S C S D A M S A L V I A E F
Y J P A O B C I A L A S S H T
I T E Y F V L I D I B T H T O
G Z T P F H N E N O M E N A J
C C U R A E A N N O K R P E D
Y H N D D I I Y M I P I Y H C
Z T I R L Z N R E O M A V N L
C T A E I A S O M I M S J E F
G G B F J J I I G Y N P A W C
J O H F K A I S E E R F I J C
L Z C V P P M A N E B R E V W
```

ANEMONE

BEGONIA

DAFFODIL

DAHLIA

FREESIA

FUCHSIA

GARDENIA

HEATHER

JAPONICA

JASMINE

LILAC

LOBELIA

MIMOSA

PANSY

PETUNIA

PRIMULA

SALVIA

TULIP

VERBENA

VIOLET

WISTERIA

ZINNIA

G Words

```
O G R J D A Q G L I T C H R R
L E P O C S O R Y G R Z V X D
K P L M A X Y A Y A H Z G E Y
I T N Z U M X D W B O X N M W
X Z D P Z L M U X A V E I S U
Y J N I L U M A G R D T C P X
F G F V L F G L G D M A N K R
G R A V Y E A B A I G R A S S
U A P N H R G L M N F E L K K
I I F S E V G A V E M N G C J
T N H F G I G A B Y T E O F B
A F D U E K I L M R P G P L N
R U I R G R A N D M A I H A E
U L Q J V M N O B B I G E Q S
D N D H H A T S Y T H E R W I
```

GABARDINE

GAFFER

GAMMA

GARBAGE

GELID

GENERATE

GIANT

GIBBON

GIGABYTE

GLADDENED

GLANCING

GLARE

GLITCH

GOPHER

GRADUAL

GRAIN

GRANDMA

GRASS

GUILD

GUITAR

GUZZLE

GYROSCOPE

Agreement

```
M K C S P Z V B D M T N U Q D
W X Q U A G H S E M I R J F B
Z F F I C O V E N A N T M E R
Y X U T D O T W G T N W I F Q
K G S N B O N R Z C C U B D V
M T N E S S A T B H N P V U R
I P E S U B S C R I B E B N B
R X S N T X O G T A N G L I Z
Y E I O X N W E C D C D S S G
H H M C F C P C G G C T I O X
V O O O O M O K H A R M O N Y
Q N R M F R M H R K G L J J G
Y M P G D A E E E L T N N V A
E L K Q C O N C U R Z O E V M
Y L L A T C I I J E E R G A P
```

ACCORD	COVENANT
AGREE	ENGAGE
ASSENT	HARMONY
BARGAIN	MATCH
BINDING	MEET
COHERE	PROMISE
COMPLY	SUBSCRIBE
CONCUR	SUIT
CONFORM	TALLY
CONSENT	UNISON
CONTRACT	UNITE

Beauty Parlor

```
G F C M E R C E R U C I D E P
Z E T L X M S Y O S Q M V Y Q
R D K R A H U C P P T A Z E R
O W V C A J L F H A W S O S G
R A A M I E S A R T P C R H N
L E P A A T M C N E F A O A I
I O N N F L S E I G P R L D T
O Q S I K O N P R T E A L O N
F E M C L A G O I Y E H E W I
R M D U M E O W R L B M R H T
I R A R D M Y D G N C O S L T
N A E E I P R E T L V G A O U
S P S N R I A R M I R R O R C
E K G S A C Y C I P I M C N D
F S E H S U R B K Q P F D F B
```

BRUSHES	MANICURE
CLEANSER	MASCARA
COSMETICS	MIRROR
CREAM	MUD PACK
EMERY BOARD	PEDICURE
EYELINER	PERFUME
EYESHADOW	PERMANENT WAVE
FACE POWDER	RINSE
GROOMING	ROLLERS
HAIRDRYER	SHAMPOO
LIPSTICK	TINTING

Car Makes

```
K W N I Q H B D N K G S J R S
G G W C U I I S S U B A R U H
T E L O R V E H C Y G A I T V
L O N Q S M K M P U R B V O L
H O O E F E R R A R I O L F T
R W R N R R C R J H L K N O L
E E H A D A Y Y Y V S S Y T A
N A L S T Y L U O W M O A C N
A D A S T O N M A R T I N A D
U F B I Y D E G O A S L M I R
L W D N A R E G S T O L J T O
T R L I D N H Q U C O H L N V
R T A T N G M C N E T R P O E
F A A D O K S I O Z P K S P R
E Y W L H H L Y C J N P P V F
```

ASTON MARTIN	NISSAN
CHEVROLET	PEUGEOT
CHRYSLER	PONTIAC
DAEWOO	RENAULT
FERRARI	ROLLS-ROYCE
GENERAL MOTORS	SAAB
HONDA	SKODA
HYUNDAI	SUBARU
JAGUAR	TOYOTA
LAND ROVER	VOLKSWAGEN
LINCOLN	VOLVO

Currencies

```
H S C E K I C T Z Q K H D D T
B Y S Y R E A L U Q Q J Q R D
I L X B V T L T I W H W M P Z
C V B E D R I B G R R A N N J
I U A W U E U G U V U B U B Y
V K H B M U N P G O J P O V C
G Y T O L Z Q A I N R L E C L
X A N N M I K Q Z A I B F E D
T T A H I A E A L V H R K N L
D N I Y H R H L A Z T E U Q N
T Q R C A N O R K X H O Z N E
H I A N G D S F I S P S F L J
S W I G N D G L N D N E R H Y
K D N A F A K S T H U P Q E X
E A R D T X N S I D N B D T F
```

BAHT	PESO
BOLIVAR	POUND
DINAR	QUETZAL
DIRHAM	RAND
DOLLAR	REAL
FORINT	RINGGIT
INTI	ROUBLE
KRONA	RUPEE
KWACHA	RUPIAH
KYAT	SHEKEL
NAIRA	ZLOTY

Eight-Letter Words

```
X E I O J Q U A D R A N T C J
B T N E U Q O L E Q R U O P V
W A T C H D O G D Z N M J O T
R T N A R G A L F H P U L E J
E D R C F K O A G O N E Q T R
L N S P A A Y U S K C C R I E
L S N E R G O E Y S S N S C T
I K R A V D R A A S U E S A N
R B E E U A R A I E O B E L I
H N O F B D Y Q T L M U L T L
T V A C A T I O N E A L E S P
P U L E R T S N I M F O V Q S
F A H O C C A S I O N U O B Z
N U P S T R E A M H I S L M H
D L F Y C I M H T Y H R U P I
```

AARDVARK	MINSTREL
BREAKAGE	NEBULOUS
COMPOSER	OCCASION
DOUGHNUT	POETICAL
ELOQUENT	QUADRANT
FLAGRANT	RHYTHMIC
GRATEFUL	SPLINTER
HOMELESS	THRILLER
INFAMOUS	UPSTREAM
JUNKYARD	VACATION
LOVELESS	WATCHDOG

All Worked Up

```
Q I D H Q S P E S E K V Q H P
I C O N F U S E V L O V E R U
E O M D M O Y D R O C K P S Y
Y N E I L S I A I T R R L T S
Z V Y S M S H E L B U O R T F
F U G T Q A P N K I Z R U G K
L L C U C V N A E Z O I B S D
U S I R M N K T F L D M N Y E
S E Z B X A I M F L U R R Y P
T K T Z D C O F B E L F F U R
E A K A X P T R R X A Y K B T
R H O E T U P S I D L R D C D
L S D S T I R M A R O R M H M
W R Q P Z Y G Q T W P U P S D
X I W H X E U A O C E H C X G
```

AGITATE	MIX
CANVASS	PERTURB
CONFUSE	REVOLVE
CONVULSE	ROCK
DISPUTE	ROUSE
DISQUIET	RUFFLE
DISTURB	SHAKE
EXCITE	STIR
FLURRY	TROUBLE
FLUSTER	TURMOIL
HURRY	WORK UP

Canadian Lakes

```
J V G R E E D N I E R N E J M
J W W I N N I P E G C O Q I Z
U N T J L G R C I E N S L N U
S O U T H E R N I N D I A N P
Y G O Y M E S E N T G R U B H
K I R D E A X S A O R R E L E
R P T N C W N C E T M A N B V
A I G O L H S I J R B H U I A
M N I T D A U H T M S E B T L
A R B S B A P R S O A L A V S
D C L A I R E V C E B K A R T
J D H L F Q X I A H D A V V A
U T U L T N U E L T I N D P E
A H P O I R A T N O S L L X R
K P Z W C L J E S I U O L U G
```

ABERDEEN	LESSER SLAVE
AMADJUAK	LOUISE
ATHABASCA	MANITOBA
BIG TROUT	NIPIGON
CHURCHILL	NUELTIN
CLAIRE	ONTARIO
CREE	REINDEER
GREAT BEAR	SOUTHERN INDIAN
GREAT SLAVE	STUART
HARRISON	WINNIPEG
LAC ST JEAN	WOLLASTON

Vacation

```
Z L Z Q T A D T M A E D I U G
C T U R N Y Q O T S I R U O T
N L F G T X P U V O Y A G E O
J G G X G R B R V K J C L C B
Y C E N K A O O C H D T S N W
V P M F I G G P S A N S Y O A
B U A L G K A E R E M O A I L
R O P S Q N R R G I V P D Y K
U R S W S K I A E J A B I E I
T G C E L P L T B M N E L N N
V E E I I E O O U M A A O R G
R V N V V X T R J O E C H U G
P B E A A S Z O T I W H N O Q
O C R Z X S A J H S I Z U J B
L T Y F I Q W P Q D E F L G K
```

AIRPORT	MAPS
BEACH	OUTING
CAMERA	PASSPORT
CAMPING	POSTCARD
EMBARKING	SCENERY
GROUP	TOUR OPERATOR
GUIDE	TOURIST
HOLIDAY	TRAVEL AGENT
HOTEL	VIEWS
JOURNEY	VOYAGE
LUGGAGE	WALKING

T Words

```
W Q L Z B Y A U M L H Y E E T
T T O A S T I N G L I N G Y U
Y V S E C N A R E P M E T T R
R R P V T I A S I X M F B S N
T H O R N Y N K T E X T U R E
X A V G E N O H P E L E T I R
B T R S M S B T C Q L R Z H T
U T U F T E D I Q E A E V T W
G N I S A E T N J D T C S Z W
D A B H E S V C I R L N X S G
A L U F R A E T A R R A G O N
C B P M T B I U N G K R L U I
I P T O M O R R O W W T U S Y
I Q J Q N T S E L L A T Z Z O
G V E M T P S Q G N O O C Y T
```

TALLEST	TINCTURE
TARRAGON	TINGLING
TASTELESS	TOASTING
TEARFUL	TOMORROW
TEASING	TOYING
TECHNICAL	TRADITION
TELEPHONE	TRANCE
TEMPERANCE	TREATMENT
TEXTURE	TUFTED
THIRSTY	TURNER
THORNY	TYCOON

Correspondence

```
S S E R D D A E E G A K C A P
L T I E C I F F O T S O P E N
R I A N F Y O F F H N I N H T
N D A M V A G A U F K V Y Y E
F F I M P I C T I V E W P F L
D Y O U R S T R U L Y E O X E
E N Q A I I M A O G W Z C O G
L Q H M J A A P T R H T O B R
I H I O T Q E S I I X G T R A
V L I I J G Y T U E O E O E M
E X O B J R E T T E L N H T O
R N R I S R A E D D F Z P T T
Y G L A G R E E T I N G S E O
Y P O S T C A R D B Z M Q L S
H Y M A I L I N G N I D A E R
```

ADDRESS	MAILING
AIR MAIL	PACKAGE
CONFIRMATION	PHOTOCOPY
DEAR JOHN	POST OFFICE
DEAR SIR	POSTCARD
DELIVERY	READING
ENVELOPE	STAMPS
FACSIMILE	TELEGRAM
GREETINGS	TEXT
INVITATION	TYPEWRITER
LETTER-BOX	YOURS TRULY

CON Words

```
W X B E V I C U D N O C X Z X
F P I C O N D I T I O N T J Y
C O N V E N E Y R N S D B X A
E R I P S N O C S C U C O C C
V Q B W C O P U O O O X U O O
A X O O M O L C B N I U T N N
C C C C P T N D N D C O P T V
N O O O A Z C E T U S R M O I
O N N N C H C U D C N T E R N
C S T F G T A X R T O C T T C
U U I I O E W K W T C A N Y E
G M N R C O N Q U E S T O Z U
Z E U M R E F I N O C N C A B
U R E E G Q W A A O J O O S O
N M B D P J Y O V L F C Y C Y
```

CONCAVE	CONSCIOUS
CONCRETE	CONSPIRE
CONDITION	CONSTRUCT
CONDUCIVE	CONSULTANT
CONDUCT	CONSUMER
CONED	CONTACT
CONFIRMED	CONTEMPT
CONGENIAL	CONTINUE
CONIFER	CONTORT
CONNECTOR	CONVENE
CONQUEST	CONVINCE

Stimulating

```
I X F I N X G W X X Q L T R M
E M X H E G R U D N E K A W A
E L P M M N Z S K E Q U L H R
H Z Z E A I C H T S D Y B G O
L R G O L G M O T I V A T E U
N Z E N F K G I U G M A L N S
P X C V N J R P E R S U A D E
L Z C W I U R K A E A V L V R
I Z H U P V O L N N L G C U H
W B K T W V E F E E I O E B S
Z Y B L O H T L K T V M J W E
G Y S R B P I R C X I I A A P
O Y P Q A G C P I U C C L T C
G M M P Y C X P U G J M N N E
K I N D U C E E Q P A Q D I E
```

ANIMATE	INDUCE
AROUSE	INFLAME
AWAKEN	MOTIVATE
BRACE	PERSUADE
CAJOLE	PROVOKE
ENCOURAGE	QUICKEN
ENERGISE	REVIVE
ENLIVEN	STIMULUS
EXCITE	STIR UP
IMPEL	URGE
INCITE	WHIP UP

Fish

```
Z H S I F G O D H S I F W E J
C J J L A N G E L F I S H E V
A R J A I J M V Y P H F L K H
T M A T C O B I D S X L L I S
F B L W N K N L I F Y K U N A
I V U M F D F F U F G N M G I
S U N F F I L I I E W U P F L
H C G D D L S S S S F J F I F
S L F C E Z H H K H H I I S I
I Q I H F U F L A T F I S H S
F G S W O R D F I S H U H H H
R A H S I F K N O M P X N X W
A B W H S J S T A R F I S H N
G S U N F I S H S I F X O B V
W I N F X O Q K K H N G Z T B
```

ANGELFISH	JEWFISH
BLUEFISH	KINGFISH
BOXFISH	LIONFISH
CATFISH	LUMPFISH
CRAWFISH	LUNGFISH
DEVILFISH	MONKFISH
DOGFISH	SAILFISH
FLATFISH	SHELLFISH
GARFISH	STARFISH
JACKFISH	SUNFISH
JELLYFISH	SWORDFISH

Food Store

```
B E Y S W W B L J T T T R C Y
S T R A I S I N S D L S R N H
L N U S S E E G H F U A D O A
F E N R P N U V V G G R S R E
K L M L A U T E A E I S U E L
C G I Y G R D R N E U O F G K
S S P O H P H I D O L F L A C
Z O U E E T V F J F O Y W N I
S F Y L T V R P N C T D A O P
L L X G T U I R A P O Y L B T
X V I O I A O L A U S Y M E Y
F V N T M C N V O O M G O E S
L D H E N D R A T S U M N V G
O X Y D E E V P S H T O D S J
K M H U L H L P M C H O S P L
```

ALMONDS	PICKLE
BAY LEAVES	PRUNES
COFFEE	RAISINS
CORNFLOUR	SALT
DRIED FRUIT	SOUP
HONEY	SPAGHETTI
LENTILS	SUGAR
MUSTARD	SULTANAS
NOODLES	TEA
OLIVE OIL	THYME
OREGANO	VINEGAR

Good Riddance!

```
Q Z E T A C A V B O A G H S P
E V K T C A N C E L M J E K W
D S O N D E S T R O Y E T E G
S O V I E L A A B L Y P A E H
S S E R P P U S N Q A P D S J
X E R H R E X T I N G U I S H
M A R I S D G F N N U L L X O
P E T A R E T I L B O L A K V
R X L C D Z H V H B B Y V H L
E N U L L I F Y A S K D N E A
S H T O L L C S E T A S I D E
C U K A N S T A M P O U T I P
I H T X D E L A T G N B Q O E
N E C W O R H T R E V O M V R
D I Z M R G X R O N B C U I V
```

ABOLISH	OBLITERATE
ANNIHILATE	OVERTHROW
ANNUL	QUASH
CANCEL	REPEAL
DESTROY	RESCIND
END	REVOKE
ERADICATE	SET ASIDE
EXTINGUISH	STAMP OUT
EXTIRPATE	SUPPRESS
INVALIDATE	VACATE
NULLIFY	VOID

Chickens

```
Z B A W N M A N O C N A M D J
E L O S I I J M Y C P A U L C
A A Z J H N N V H R R W Y H Q
Q C K K C O I A R A U C A N A
L K E D O R K I N G R R D A D
E R T N C C E W M M E B U I L
I O T A O A P A N M B X T S A
K C O R H T U O M Y L P H U L
L K D S Y X G U C L F B G L V
I I N Y U M S N L R E B I A O
S X A B N L V U I M J G R D R
L I Y L E P T Z S P G Y B N W
V Q W W H F Z A Y S R W E A E
F G K K J L S L N K E O S M R
A W K L E G H O R N B X S S K
```

ANCONA	MINORCA
ANDALUSIAN	ORPINGTON
ARAUCANA	PEKIN
BLACK ROCK	PLYMOUTH ROCK
BRAHMA	SEBRIGHT
COCHIN	SILKIE
CREAM LEGBAR	SULTAN
DORKING	SUSSEX
FRIZZLE	VORWERK
LEGHORN	WELSUMMER
MARAN	WYANDOTTE

Abundant

```
T O M F C R E T D K R D G C G
J M W U D J G L A R G E M G K
A V T A P T N A R E B U X E U
S U O I C A P S Q X R H R N E
T R O O M Y V L U T M G S E J
B F U L L X S N E E U C U R U
M P G K U L S U S N F S O O R
A K K C F T X O O S T C I U L
N M U G I Q I L V I R E P S A
I Y P N T D A Z X V C I O O V
Y H T L N R E P V E H A C U I
Y E H A E X T E N D E D P H S
D Q R B L G N I D N U O B A H
H G I M P R D E X J Q A I Y C
U L K O Q N V V G R V H G E S
```

ABOUNDING

AMPLE

BIG

BROAD

CAPACIOUS

COPIOUS

EXTENDED

EXTENSIVE

EXUBERANT

FULL

GENEROUS

GRANDIOSE

GREAT

LARGE

LAVISH

LIBERAL

PLENTEOUS

PLENTIFUL

RICH

ROOMY

SPACIOUS

UNSTINTED

On Your Bike

```
Z L M C Z W V B R O W R Q S J
T H Y T D F H Z F H E Z W O D
H A K R J Y Q E K T R O M S H
F N E S V I N N E R T U B E B
A D J S Q U Q M J L D J L K R
W L R E T L O C K G S M R A T
N E B S M D U S U K E E D R R
F B R R E A L A Y T N U M B L
E A U E A A R E I N N A P X A
L R P V D D B F A B N K U P D
T S R E S B Q P F Y O V M J D
O F P L W P S T H G I L P N Z
Y P I L C A O J W B M X T O I
Q M Y E M C M K L G E A R S A
G C V B J E C N E W V Y K V N
```

BELL	LOCK
BOLTS	MUDGUARDS
BRAKES	NUTS
CLIP	PANNIER
FRAME	PEDALS
GEARS	PUMP
HANDLEBARS	SEAT
HELMET	SPANNER
INNER TUBE	SPEEDOMETER
LEVERS	SPOKE
LIGHTS	WHEELS

Famous Redheads

```
G M K J E Z R A P O U N D C H
A M Y R N A L O Y B A A N L R
W E J B E T T E D A V I S E N
B W A N E T A J O I C T E O P
V O C A M T U X D O R B R P L
A O K I L G T B L E M Y I A E
N D N T L Z O E B R B U K T R
G Y I I W W K O M D O R T R U
O A C T I I R E R I V S H A A
G L K E D A M O M J D O E G L
H L L M I H L B P M G L R E N
Z E A L S U Z A N N E V E G A
C N U B E Y A K Y N N A D R T
R J S R E G O R R E G N I G S
K O L S M A R K T W A I N Y W
```

AXL ROSE

BETTE DAVIS

BETTE MIDLER

CLEOPATRA

DANNY KAYE

DAVID BOWIE

ERIK THE RED

EZRA POUND

GINGER ROGERS

JACK NICKLAUS

JULIA ROBERTS

LORD BYRON

MARK TWAIN

MYRNA LOY

NICOLE KIDMAN

STAN LAUREL

SUZANNE VEGA

TITIAN

VAN GOGH

WOODY ALLEN

In the Garden

```
O Q Q J S H I G F C V Y C W H
H R E Z I L I T R E F B Q J D
C P U Y F Z B U G S V D B R J
X O U W O R C E R A C S P L P
J C E M K N T E O W L L Y E L
S E L P P A L J W B X C P V A
H L R R B K A S X F R P B O N
A I J L N H I M I C E P F H T
R O E I J K C N L R T N L S I
V S R G D P P T S O P M O C Q
E P H C U D O V A B X S W J P
S O H V H M C Q L P R L E U C
T T H S A A S U H O S E R V B
F C Z T G E R U N A M G H C Z
P I O F W E E D S B J F L O Q
```

APPLES

BUGS

COMPOST

FERTILIZER

FLOWER

GROW

HARVEST

HERBS

HOSE

MANURE

ORCHARD

PATCH

PEPPERS

PLANT

PUMPKINS

SCARECROW

SHOVEL

SPRINKLER

TOMATO

TOPSOIL

VEGETABLES

WEEDS

V Words

```
D E R U T L U V Z S Q V Y T X
F Y L B H N Q U N N G O G S Z
H U L B Q C I I L I Z R N I J
V I S T A V E V O L A T I L E
M G X P I R I P V O R E T A U
U G U O I Y E R M I K X O C I
U H W P T G A N G V B J V O B
C L M A P N O I L I M R E V U
A A L K V R V S S U N M A J O
V R T N O I T A X E V I J T T
V O A S E E N V I C U N A U E
F Y I W L H D T M D P I R N V
N V I O Z S S X A D X M Z E L
A N I N M J X H E G G L R P E
G V T B G Y C V M I E U G O V
```

VACUUM

VAMPIRE

VELVET

VERMILION

VEXATION

VIBRATE

VICUNA

VIEWING

VINTAGE

VIOLETS

VIOLIN

VIRGINIAN

VISOR

VISTA

VOCALIST

VOGUE

VOLATILE

VORTEX

VOTING

VULNERABLE

VULTURE

VYING

Words Ending in AL

```
K N Y B T P T Z O V Z S P M M
D L L A R E N E G V F E S X C
Z L A U G N I L A C I D A R F
U O U L A B I N N A C U I L E
U X R A A B O R I G I N A L D
E J C I M I L L E G A L E A E
F E C R E L R L A L C C D I R
V Z A O A N A E A U T I C R A
J A N T P I T C T R T R X E L
Z N M R T L I A I S V I P T D
B A N A L N R C L Z I A B C N
K R L S H M A H X M Z G J A T
L A H C Z L A U N N A I A B H
P V E R T I C A L L G N U M N
O T J A C K A L Z F I N P Q B
```

ABORIGINAL	JACKAL
ACCRUAL	LINGUAL
ANNUAL	MAGISTERIAL
BACTERIAL	ORIENTAL
BANAL	PALATIAL
CANNIBAL	QUIZZICAL
ELECTRICAL	RADICAL
FEDERAL	SARTORIAL
GENERAL	TECHNICAL
HABITUAL	VERTICAL
ILLEGAL	ZEAL

Wedding Anniversaries

```
B F K O P J X L A N R J T W R
Z Y T U L G I R A C N N X Y J
K J K S A P P H I R E Q R A B
X N O T T O C D X Y J E L L J
X C K D I S L A F S T D C P P
K G D V N R I X T T I P H C E
X H O Z U O F E O A K N I R A
C R A B M U E P M L B O N P R
Y E Y K P L L O R E H T A E L
B P G D W E N C B B R O N Z E
U A G O L D K E O D U A B X T
D P O J Z A H T N R E V L I S
W D B L K O C C U I A X Y D I
Q H V G M J O E C Q L L V C L
H X X D S P Q M H Z G V P M K
```

BRONZE	LINEN
CHINA	PAPER
CORAL	PEARL
COTTON	PLATINUM
CRYSTAL	POTTERY
DIAMOND	RUBY
EMERALD	SAPPHIRE
GOLD	SILK
IVORY	SILVER
LACE	STEEL
LEATHER	WOOD

African Capitals

```
O T Y B N U W J L K Z E J C A
V R Z A G P G A N E M A J D N
S R I S Y R T D W O N W L A T
R A B A T E U G L H L U S H W
D I V H C T N U A D J R H T L
J N Q S N O I T Z N E Y Y I M
X N A N L R S Q A I J O E V H
A A O I S I I B G W Q Y M U Z
R I L K U A U L U A N D A O I
C R I A A R A Y O X K W I M V
C O N M P C E Y Q P T A N A O
A B U J A M C S K Q I S S P K
T I G N Z H A R A R E R S U H
A J J N A X W K A M T R T T L
L Z W H N M I K T H Q A Z O W
```

ABUJA	LUSAKA
ACCRA	MAPUTO
ALGIERS	MASERU
BANJUL	NAIROBI
CAIRO	NDJAMENA
HARARE	NIAMEY
KAMPALA	PRETORIA
KINSHASA	RABAT
LILONGWE	TRIPOLI
LOME	TUNIS
LUANDA	WINDHOEK

Dams

```
E J G S X D G Y X F M E G V K
L B M A K V O H K A K N S Z P
R X K R R O T U C U R U I O P
U R R D G D R Z N X G R U O I
A C U R O B I O Q T I E L R C
M V T A B H S N B K M K N O O
S V A Y C I I L E M G V A V C
Y L T H R E E G O R G E S I H
T R A R Y N V T H J C N P L I
J O A E U Q O R N A S A P L T
L G T L R I T A P Z S K B E I
I U L U G O A H E A J W E T Q
V N C S D N R Q N P K Q A W Q
K D O O V C A G S R E X S N G
T T O M B J S M M I A D O Y Y
```

ATATURK

BEAS

BORUCA

CIPASANG

COCHITI

GARDINER

GARRISON

HIGH ASWAN

KAKHOVKA

KANEV

MANGLA

MOSUL

NUREK

OAHE

OROVILLE

PATI

ROGUN

SAN LUIS

SAN ROQUE

SARATOV

THREE GORGES

TUCURUI

Furniture

```
G R B F L E H S K O O B P A S
C H E S T C S K M M P V C C K
U T B L G N A C Z F M H M R N
L A F X B N O B R M A A S I D
V R E T N A C I I I N S O A A
D I V R H A T R S N T T F H E
N A W G U A M E E I E O A C T
F H R H T B L O E S V T I M S
Y C O E I O O L T F S E S R D
U Y H O N O O A S T F E L A E
C S C G U K T V A T O O R E B
R A U S I C S N Q Q A Z C D T
X E O U F A D E T T I N S C D
E Q C H I S H S D P T L D Z E
O G K R H E B O R D R A W S C
```

ARMCHAIR	DRESSER
BEDSTEAD	EASY CHAIR
BOOKCASE	ESCRITOIRE
BOOKSHELF	HALL STAND
BUREAU	HAT STAND
CABINET	HI-FI UNIT
CHAISE LONGUE	OTTOMAN
CHEST	SOFA
COFFEE TABLE	STOOL
COUCH	TELEVISION
DESK	WARDROBE

Weights and Measures

```
D D F C F C T C D S V S E P N
P K R V Y I J R M K D R U D U
E U G A E L Q T G I K F X C C
T M R Q M R M F D H L C V R H
G D G A U V T J A C R E A A I
M S F W Z A S E E T N S D S D
S F A O I O R R M K H P T Y I
T T N S O O A T I I W O U H R
T I O T U T S E Y L T O M T T
U J Y N C T N M D O K N Z Q G
A W C E E I X O C G D F E A I
L E H S U B X L J R N U L C L
B Z A A H C N I P A U L W T L
N W N C V H D K A M O N D N I
P R D N H F Y J L N P P X V P
```

ACRE	KILOGRAM
BUSHEL	KILOMETRE
CENTIMETRE	LEAGUE
DRAM	MILE
FATHOM	OUNCE
FOOT	POUND
GALLON	QUART
GILL	SPOONFUL
HAND	STONE
HECTARE	WATT
INCH	YARD

Words Starting with DEM

```
Q G H N D Y F I T S Y M E D A
D W S T E Y A R A R E M E D C
Y E D E M O N I C N I M M O P
L R M D E M O D U L A T E G G
M U T O N P D I R G X S T I R
E M M E T H W N N Z I Y A M D
X E X G E E O E A L F K C E B
C D S R D D T J A M R D R D K
W T D E B I E R I C E F A E Q
H S E M S E O M B M K D M M G
L I M E Y M M I O M E K E O T
U M I D E F E C M L G D D U Y
K E S D F N R B E V I G W N E
E D E M E A N M D G T S Y T E
D E M O T I C N Z R L V H N P
```

DEMAGNETISE	DEMOB
DEMAND	DEMOCRAT
DEMARCATE	DEMODULATE
DEMEAN	DEMOLISH
DEMENTED	DEMONIC
DEMERARA	DEMORALISE
DEMERGE	DEMOTE
DEMIGOD	DEMOTIC
DEMIJOHN	DEMOUNT
DEMISE	DEMURE
DEMIST	DEMYSTIFY

Angry Words

```
G E Q S I L W Y N V B J K I K
Q I T P O E X S W T W P P F E
W W E A G G C Y Y E S U O R R
L P O S I A J P R O V O K E T
F K I S V R L C E G T U G N P
R F N I L N U L S T N N Y Z X
T N C O V E E F E O A A J Y A
W O E N K R B I N F L A M E Y
M I N D I G N A T I O N Y C Y
W T S T C A M R M R Z E V N P
Q A E B V N K E E H L F M E Q
X X F X A D T P N T V A G F F
E E Q U K A V M T A D H I F G
P V M P R N M E J R P C F O W
F S A I O Y N T M W Q Q F L A
```

ANGER

ANGRY

CHAFE

ENRAGE

FRENZY

FURY

GALL

INCENSE

INDIGNATION

INFLAME

INFURIATE

IRATE

IRE

MAD

NETTLE

OFFENCE

PASSION

PROVOKE

RESENTMENT

ROUSE

TEMPER

VEXATION

WRATH

Come To the Dance!

```
R N Z N Z D Q H N A C N A C W
Y Z P T I J P U M H H T C U N
G F L W W K F I A X A E T L A
L A K I X O L R Z D A U P B B
W H M S X P L Y U O R N V M O
P C O T T E U M R N B I A V O
W I R L S V P M K E G M L F G
S O K T O M Q I A Z B B I L I
T G O G A I L H P O E O N L E
T N N R I V T S P N S V K Z K
G A V O T T E S M H R P U T I
T D B B R E E L A L W O D P D
P N F M G W C K E M X L H C G
Z A O P U V E J R T B K F U D
A F W B Q R U M Q K A A F X N
```

BOOGIE

CANCAN

CHARLESTON

FANDANGO

FOXTROT

GAVOTTE

HORNPIPE

LIMBO

MAMBO

MAZURKA

MINUET

POLKA

QUADRILLE

REEL

RUMBA

SAMBA

SHAKE

SHIMMY

TANGO

TWIST

VELETA

WALTZ

US National Parks

```
B I G B E N D S E Q U O I A A
N S H E N A N D O A H Y P E Q
Q L H S B A D L A N D S J N T
G E A A Z Q E P G E J S O O W
L R L G W D N D K X G T S T C
A O E U Y Y A A K N E E H S I
C Y A A I N L C I T D V U W P
I A K R T R I R D A R A A O M
E L A O E B P N L M E C T L Y
R E L T K S A G N N V D R L L
V Y A S T R R S O H A N E E O
D R B O G E K W I Z S I E Y G
C N H R V S B P Z N E W M Q P
S R U E G A Y O V L M I E M L
I G K S Y O S E M I T E E M X
```

BADLANDS	JOSHUA TREE
BIG BEND	MESA VERDE
CRATER LAKE	OLYMPIC
DENALI PARK	SAGUARO
EVERGLADES	SEQUOIA
GLACIER	SHENANDOAH
GRAND TETON	VOYAGEURS
GREAT BASIN	WIND CAVE
HALEAKALA	YELLOWSTONE
HOT SPRINGS	YOSEMITE
ISLE ROYALE	ZION

Gemstones

```
D K A W T A Q S F M G E C X C
F A Z D W X O N O C R I Z W P
E T G I L F U L T U M A W C E
H S P A R U I A T R K X Y W R
N A I M T V G P E E U R Y Z I
V V J O I E A O J B N J Q N D
T O H N U K W I T M Z R S L O
Y L E D R Q E R S A I X A K T
P I X V U E R D Y F T R H G Z
O T R A B D I U H B E R Y L I
C E R Z Y A H X T M L Z R A Z
M T P K T J P C E J S A D C R
Z E K I G T P B M N E P D R E
R W V O W C A B A P H O X E E
H U T B M A S Y W E P T B Y L
```

AGATE	ONYX
AMBER	OPAL
AMETHYST	PEARL
BERYL	PERIDOT
DIAMOND	QUARTZ
EMERALD	RUBY
GARNET	SAPPHIRE
JADE	TOPAZ
JET	TSAVOLITE
KUNZITE	TURQUOISE
OLIVINE	ZIRCON

Foot

```
R D D U O P M I V Y X L A W C
D R Q I N Z E D G N I P P O H
Z H O S G Q T D N Z C H R V F
O R A T U I A D I S U N H B S
L Q C J P L T W P C U B O I D
B Q O S E H A O P L U P X W J
B B M N Z L R T I J E R S G E
G Y S A K A S P K T J E E Y V
R B N I K S U W S A N T H T R
D D N L N R S N X O E S D Q Q
X G I S T A I L B N L I E K R
R Q O O F T N A D L K L N U D
L J E L A G R O A L K B A R O
I S I E H E N R M N N M S B Z
S Y O Q N S R Q A R C H A S U
```

ANKLE	INSTEP
ARCH	METATARSUS
BALL	NAILS
BARE	PEDICURE
BLISTER	SKIPPING
BONES	SOLE
CORN	TALUS
CUBOID	TARSAL
DIGIT	TENDON
HEEL	TOES
HOPPING	WALKING

Health Food

```
V E Y Z S R E P P E P G I B A
A N U H L E N T I L S A L A D
Y I I S I E K V G D L C R Z L
E L L I U O T A T A R I S X E
N T R U H G O Y L A X X S H A
O O A T M E A L E F N E E K R
H R S P C L B R Y I N H R C X
E G E J H W E H A I U A C B K
S A L S I F Y T G P T G R Y X
P N P Y M P N R T O S O E B D
I I P D T A E Q R U C A T Z H
N C A B L B S R D C C F A X C
A H Q P U S A D O W F E W K K
C J Q A D C O L E S L A W W Y
H Z U C C H I N I T O M A T O
```

APPLES

ASPARAGUS

AUBERGINE

BRAN FLAKES

BROCCOLI

CARROT

COLESLAW

HONEY

LENTILS

LETTUCE

OATMEAL

ORGANIC

PEPPERS

PLANTAIN

RATATOUILLE

SALAD

SALSIFY

SPINACH

TOMATO

WATERCRESS

YOGHURT

ZUCCHINI

Ability

```
P Y X Q L K Y C A C I F F E R
S T R E N G T H E L B A P A C
D L R E A D I N E S S C O M W
L E S M Y K U Z G L L I K S C
Y A X O C E N E R G Y L O E B
C T Y T N U E T A R A I O R U
O Y L S E C G D A O D T I W C
S N F U I R N T U L K Y R W N
U S F I C L I P O T E N C Y B
W G T N I A K T F V I N A C E
D M X E F N F O Y V H T T C H
M O L G F O R C E R I H P K K
X Y C N E T E P M O C G N A R
J P O W E R W M Y N O I O N D
U F K N Y J N W S X T M E R T
```

APTITUDE

CAPABLE

COMPETENCY

DEXTERITY

EFFICACY

EFFICIENCY

ENERGY

FACILITY

FACULTY

FORCE

FORTE

GENIUS

INGENUITY

KNACK

MIGHT

POTENCY

POWER

READINESS

SKILL

STRENGTH

TALENT

VIGOR

C Words

```
C M T O P K Y Z A Z O C Y B W
R H R A G I C I N D E R S P Y
I I I S L A B M Y C Y C L E M
M L M M P H O C O V T E F H B
I F O I P C C H A R A C T E R
N E T B U A O L C U P C A K E
A A S J V E N N M E P E R D O
L O U D U R T Z T G I L G R A
C L C L E C R N E R D L I H C
W O C T A R A X H E A O I I C
O O S V O U D B A R C C Z N B
H I E F R S I A A U S D T T G
C A M W Z T C F W R V B E O J
T R Y E M Y T F R D E H E L Q
Y M C R A W S H C O T T O N Y
```

CABARET	CISTERN
CAPITAL	CONTRACT
CAVEAT	CONTRADICT
CEILING	COTTON
CELLO	CRAB
CHARACTER	CRIMINAL
CHILDREN	CRUSTY
CHIMPANZEE	CUPCAKE
CHOW	CUSTOM
CIGAR	CYCLE
CINDERS	CYMBALS

Formula One Stars

```
P V V P I U T L L I H X I A X
L B A F I B I A S E E T R U S
B U D Y Y Q U H I K W Z B C T
X X C H J D U P H I W E H K T
H U U M A N S E L L X U R S U
L P D V T W W F T Y M A L P W
O N M F I T T I P A L D I T P
W L U K F L L H C C G U N S I
W I O V I N L H O R P R O S T
I R O W X R E E E R R W M G T
S H I S R R A B N N N B T J E
Q E G I N P S C H E C K T E R
S E N O J O V A S N U G A I D
R D A N R A L E G A E V H I N
T O F I A O H A K K I N E N A
```

ALONSO	LAUDA
ANDRETTI	MANSELL
ASCARI	PIQUET
CLARK	PROST
FANGIO	RINDT
FITTIPALDI	ROSBERG
HAKKINEN	SCHECKTER
HAWTHORN	SCHUMACHER
HILL	SENNA
HUNT	SURTEES
JONES	VILLENEUVE

Double S

```
S Y A W O A K W H E Q I F N D
K M P V T V R F U S S Y U X I
Q T A E E S L I O O Z C T D V
L C B S C A S N P C Y G G J Z
C N S B S N K E P D S R F V W
K E A R N I E S R C S K D L K
L C S F X O V S E P E J U E C
H E L S Y B I E S V M B R S T
K S T O A L S S E I I E S Y
G S E J H T E E S K I S S E S
Y A S L G N I S S E U G S N I
G R S H I N E O H S S J E A Y
V Y U L W S M P N I E Q R O P
L Z G I S D R E S S E D T S J
F U P A Q S Q Q W J H Z O X V
```

ASSES	KISSES
BLESSED	LESSEN
CESSATION	MASSIVE
DRESSED	MESSY
DURESS	NECESSARY
ESSENCE	OPPRESS
FINESSE	PASSIVE
FUSSY	SESSION
GUESSING	TRESS
GUSSET	UGLINESS
IMPRESS	VESSEL

Famous French People

```
E R I A L E D U A B P D I X I
V D E L A C R O I X Q E Q S S
S J Z I R D M I T T E R A N D
P A O B F L E F F I E M G O H
T O I R E L B U R A U E E E N
U X L N B U O U U D J S R L E
V R R H T D C G E E O S R O L
I A E R I E F Y T M A I E P L
L Q B P I Y X J S N N T I A U
L P M R X A N U A G O A P N A
E O A W J R K D P J F M S R G
P M S V C O U S T E A U E L E
I F T M O C A R E G R E B E D
N O F F E N B A C H C Y O G J
Y X Y T T B M R I O N E R K Y
```

BAUDELAIRE	MATISSE
BERLIOZ	MITTERAND
BLERIOT	MONTGOLFIER
COUSTEAU	NAPOLEON
DE BERGERAC	OFFENBACH
DE GAULLE	PASTEUR
DELACROIX	POMPIDOU
DUMAS	RENOIR
EIFFEL	ROBESPIERRE
JOAN OF ARC	SAINT EXUPERY
MARIE CURIE	VILLEPIN

Talking Trash

```
M T H G C B A P X T Y Y S L H
X G W T Q J W R W L T R A S H
L W W R O G B A B B L E W X B
I L E V I R D T W Z G M W Q A
Z I I M P D F E Q A K M D Y L
T T F L L E I R G Q O U M D D
G A K E S N E S N O N L V R E
M C H U I H P C N V S F T G R
C B P C T P H S A W H S I W D
O L H A T A H Y L J B B I H A
D A L T T I Z J A B B E R P S
L B M T N T H X A E G J X B H
K V E E M O E C R D L T G M A
P R A T T L E R U K D H G H Y
S K V G P X F F U T S T S O J
```

BABBLE	GOSSIP
BALDERDASH	JABBER
BLAB	MOONSHINE
BLATHER	NONSENSE
CHATTER	PATTER
CHITCHAT	PRATE
DRIVEL	PRATTLE
FLUMMERY	STUFF
FROTH	TRASH
FUDGE	TWADDLE
GIBBER	WISH-WASH

Authority

```
C X E A O B Q I H Z N M L V H
Q C X Z I Y T I R O H T U A B
Q H O A L L O W I E L U R N Z
W P V M S O V S C T I M R E P
Z Y B C M C S N O I N I M O D
H Y T N G I E R E V O S G M C
W M S U M U S N I R D O C A D
A Y I R L U U S D C V S S S J
R O E F P A A E I E M A U T O
R P N P L R R S R O N N L E F
A I O L I C E N S E N C A R K
N R E R I P M E J S G T Y E D
T S U P R E M A C Y D I L W Z
S A V D N B L O R T N O C O T
I B Y T S E R E T N I N R P Y
```

ALLOW	MASTER
ASCENDENCY	ORDER
AUTHORITY	PERMISSION
COMMISSION	PERMIT
CONTROL	POWER
DOMINION	RULE
EMPIRE	SANCTION
GOVERNMENT	SOVEREIGNTY
INFLUENCE	SUPPORT
INTEREST	SUPREMACY
LICENSE	WARRANT

W Words

```
G L U O N V Y E F X H B C R N
N Z R S T L W W I T H H O L D
I K U E D Q A W A L K I N G N
M D H L V X E W R A P P E R A
O V R W W A D S W O R T H Y L
Y O Z O K H E B A F N B H T D
W E R N I B S W L L J G M B O
V K E D B R O C T U U J F N O
S S J E R B R I Z F W T Q U W
S H W R E C K A G E E O T Z L
Y A D F P Y Q C W K S B F R S
M M G U S U F W E A T H E R T
L A G L I L R I H W E K J V N
V G Y G H W A I T E R M J C D
R A O B W E I G H T N D V U F
```

WAITER	WHIRL
WAKEFUL	WHISPER
WALKING	WITHHOLD
WALTZ	WONDERFUL
WARRIOR	WOODLAND
WAXWORKS	WORLDLY
WEAKNESS	WORTHY
WEATHER	WRAPPER
WEAVER	WRECKAGE
WEIGHT	WRONGFUL
WESTERN	WYOMING

Airplane

```
Q D F F L C S A E P V B H C S
A T E R A D A R U L D O E W Y
U B M T R O P I L E H M I R K
R I A A U T V F R L P B R R A
O P R Y D C F T J S C E G H H
T L F I D O I U E G T R E C L
A A R W E B D N N P C R N T J
V N I K R J H I O O V X I I L
E E A L M W D C C S Q J G P O
L T F A P N I K E F R K N H H
E F L C A L P V S F U E E W M
I E I L E I A T O I N J P Y L
F I G H T E R N N H W B G U B
A Y H V L F U S E L A G E R S
I N T A K E R S G I Y L F X P
```

AIRFRAME

AIRSTRIP

BIPLANE

BOMBER

COCKPIT

ELEVATOR

ENGINE

FIGHTER

FLIGHT

FUSELAGE

HELICOPTER

HELIPORT

INTAKE

LANDING

NOSE CONE

PITCH

RADAR

RUDDER

RUNWAY

SUPERSONIC

TAILPLANE

TAKE OFF

Awkward Words

```
A L V B A L Q T P A N I L B J
Y C X P W U G U T P E N I A H
A Y P K K M Z Y N X D Y J F M
S F E Q W B D J D C O S G E L
Y T S X A E N E H F O M S U F
L G I V R R N L L T W U N O T
N N S F D I F F I C U L T T Y
I I T U F N R O O N E C N H K
A L M E C G R W E A V A R L W
G G R A O D A A R I G C O G A
N N H F A F S N Q E H C U A G
U U B L R Y E E L G A P G V H
N B A N S D K E U M F U H G O
C M H F E U N W I E L D Y S T
L U F L L I K S N U X G Q F S
```

AWKWARD	MALADROIT
BUNGLING	ROUGH
CLUMSY	STIFF
COARSE	UNCOUTH
DIFFICULT	UNEASY
GAUCHE	UNGAINLY
GAWKY	UNLEARNED
INAPT	UNREFINED
INELEGANT	UNSKILLFUL
INEPT	UNWIELDY
LUMBERING	WOODEN

Words Ending with EX

```
D F A A E O X E K D X C L U C
N M X S P A N D E X F X N L C
J B E Y Y X J X E F I T N O P
P D T R Y M E L T R I P L E X
Q U A D R U P L E X E D N I E
D X L X K I E T P O E V H X L
Y E N Y T T R T X M O T N N P
Y Y G L E O P E R R O F R E U
B F U H F X L Z T X D C J O D
I M Z L E F E E T X G A Z V C
A C E P E V X S J E M U R E X
X X A R Z D I H I N L D U X P
A T E H O K K C O N V E X J X
E P A B G M D V B A U X X I A
Z J G K I O X X S T U P K F H
```

ANNEX	MUREX
APEX	PERPLEX
CAUDEX	PONTIFEX
COMPLEX	QUADRUPLEX
CONVEX	REFLEX
CORTEX	RETROFLEX
DUPLEX	SPANDEX
IBEX	TELEX
INDEX	TRIPLEX
LATEX	UNISEX
MULTIPLEX	VORTEX

Verbs

```
W E B K E R K Z U Y Z S U P M
A T T A C K O O L B G Q M I L
L H C X K T Q F N B S U I N R
K J N U B S Y G F P J I G S Y
A C K D R W I L E V A R N U P
W Q D P A T O R I W N M O R S
A M G W N S S O F S E F R E O
C W T U D P N N R D T L E Y G
C D M E I R K E O X K E M I O
U P P R S J H L E C R A N Q D
L D E H H T P T K Z M A D L O
R K I X A X I B N V E R I F Y
L Z K G E C K F L S E U Z R B
G B R D E J V A Y A B V X C Z
O Y R R U H M C M U S C R R N
```

ATTACK	JUMP
BRANDISH	LISTEN
BUILD	LOOK
CONSTRUCT	PERSPIRE
DREAM	RECITE
EXPLODE	SNEEZE
FRISK	SQUIRM
GATHER	TESTIFY
HURRY	UNRAVEL
IGNORE	VERIFY
INSURE	WALK

At the Swimming Pool

```
N H F C X F A W Z G N I D A W
P E E D O L Z R T W R R D L C
P H I F R O Y R E E A A W D X
B V J T R A E L W O L L A H S
E C R R R T U O B A T H I N G
A K X V A U H G S L I D E S C
B E D W Q S N H E K O R T S O
G I L Z L I J K E F C T U B E
X W K N V H R J S H I M F H C
I M Y I Z O L P H U U L P A E
J B D A N Y C W S H X R L Z R
W W G S F I J M A C M V A K L
Z C A G S P I D L R X B Z Y J
B S K T O W E L P I C C T U U
J F R X S G M M S O U J N I V
```

BATHING	SHOWER
BIKINI	SLIDES
CRAWL	SNORKEL
DEEP	SPLASH
DIPS	STROKE
DIVE	SWIMSUIT
DIVING BOARD	TOWEL
FLOAT	TRUNKS
LIFEGUARD	TUBE
RAFT	WADING
SHALLOW	WATER

Buildings

```
B T K Y E R M E F M J R S Q K
L Y E Z C U G L L U X V B I S
F C C K T A Q T E S D M B C T
X H C H R D I S T E U K H N X
G U N A X A U A O U H O E Z C
G R G V T O M C H M O M O A C
D C A T H E D R A L T U S G O
G H N M U N I V E R S I T Y L
W M R I V D D C A P N B N M L
P A L A C E V P B O U W Y N E
F N M U I R A L O S L S A A G
C S O E W H P E N T H O U S E
H I T S N A E W E W S S R I M
K O E Y Z I S Y N A G O G U E
C N L J W O C E B N L Z K M Y
```

APARTMENT

CASINO

CASTLE

CATHEDRAL

CHURCH

CINEMA

COLLEGE

FARMHOUSE

GARAGE

GYMNASIUM

HOTEL

MANSION

MOSQUE

MOTEL

MUSEUM

PALACE

PENTHOUSE

SCHOOL

SOLARIUM

SUPERMARKET

SYNAGOGUE

UNIVERSITY

The Castle

```
H J S T R A P M A R M I H G Q
Y K F A J N O M Z C C X H Y N
N P O E P A R A P E T Y O P V
J R R G G A T E W A Y X B N K
S A T D W D C O U I B U V S Z
S C R I B W U A W N T H T D V
E S E R N K L A Z T C N U X C
T E S B O A L P R T E N T M G
Z U S W M W I E I M G S O W A
Q Y R A P P S D E E O A W S R
R H Y R E S T L O G T U E Y R
F T A D E M T N I T I I R X I
Z Y G J K T W P D T S Y I Y S
S T L U A V Y A W E S U A C O
V J X B V X M B A R B I C A N
```

ARMOURY	FORTRESS
ARROW SLITS	GARRISON
BARBICAN	GATEWAY
BATTLEMENTS	KEEP
BUTTRESS	MOAT
CAUSEWAY	PARAPET
CUSTODIAN	PORTCULLIS
DITCH	RAMPARTS
DRAWBRIDGE	TOWER
DUNGEON	TURRET
ESCARP	VAULTS

Bang!

```
S M H W E J C F Q P O D L D L
Z V M R A T T L E H C N U R C
J N S U N D V E A K N U L C O
U H C L Q G Y M P T G O V B E
A A E V P E Q M M O T S L K O
O G U T M B V O E Y T E I A P
Q D M A U L P P X X G R R R P
C H M S H O X O H D T A K E G
F C Y M T W L R U S M C D N J
B K X C B Z S C G N A B I W G
A Y C C R S L A M W D R G V I
A L L O Y A Y X H Q Q B H R T
V P U O N F C T T Z B E A T U
S J G G U K J K Z C P F U P M
Y F X M L G T M B G A L D F I
```

BANG	MAUL
BEAT	POMMEL
BLOW	POUND
CLANG	RATTLE
CLATTER	RESOUND
CLOUT	RING
CLUNK	SLAM
CRACK	STRIKE
CRUNCH	THRASH
CUDGEL	THUMP
KNOCK	THWACK

Z Words

```
P W I F D L C N I Z O L O G Z
C Z E P P E L I N I V B A Z E
C Y I X X U H L Y P J Z T Z S
H E U R S J C R S P G Z W I T
U R C P C Y T T C I A I U N F
D I V W X O W D Z N I G L N U
C E L F L S N R Z G Y G S I L
P N C A T S E I N A Z U X A C
H O E X G M B R U I N R C N E
I Z J A M A Y Q L M R A H F F
N Y E I R H A C Q E I T V K R
M Y Z R P B H I P D I G R C J
N E M E O W E P O N Y Z R W R
E I Z E B M A Z E X G G S Q W
K P X C F Z Z Z O M B I E K Z
```

ZAMBEZI	ZIGGURAT
ZANIEST	ZIGZAG
ZANZIBAR	ZILCH
ZAPPER	ZIMMER
ZEALOTRY	ZINC
ZEBRA	ZINNIA
ZENITH	ZIPPING
ZEPHYR	ZIRCONIUM
ZEPPELIN	ZODIACAL
ZERO	ZOMBIE
ZESTFUL	ZONE

Solutions

No 1

No 2

No 3

No 4

No 5

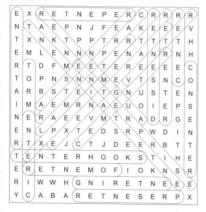

No 6

Solutions

No 7

No 8

No 9

No 10

No 11

No 12

Solutions

No 13

No 14

No 15

No 16

No 17

No 18

Solutions

No 19

No 20

No 21

No 22

No 23

No 24

Solutions

No 25

No 26

No 27

No 28

No 29

No 30

Solutions

No 31

No 32

No 33

No 34

No 35

No 36

Solutions

No 37

No 38

No 39

No 40

No 41

No 42

Solutions

No 43

No 44

No 45

No 46

No 47

No 48

Solutions

No 49

No 50

No 51

No 52

No 53

No 54

Solutions

No 55

No 56

No 57

No 58

No 59

No 60

Solutions

No 61

No 62

No 63

No 64

No 65

No 66

Solutions

No 67

```
M V A V N R A R J J I V Z A C
X G P N I G E R Q I N X E N A
E O T D U L I H E P C S N G G
L D C Q K B Z R L P E V I X P
U K E C U A N Y I I J T H I H
Q J K B M B E N N S V R R S K
C A X B U V K E T S T U W E F
Y O E R X N C L A I O A G M P
O Z L N O Z A M A S E G N A G
I U X O V W M D S S B L O H H
E D N A R G O I R I L O K T O
R B E E D A M E K M E V E C K
R O N H N A D R O J C H M W L
G C O N G O N O S D U H B L Z
E Z T G N A Y E K Y U R J J P
```

No 68

```
O L S L C M Q D B Z D E W H C
G A B O N W O A L G E R I A Z
R U A D N A W R F N C G A D O
K A I R E G I N O F A I Y G
H A Y N E K D E D C P A S P O
N Z I H E K L C E O C W M B T
S O U T H A F R I C A O O G C
U A O S R J B H E Z L T Z T H
O I V R I N T I I P S B A X A
P S E I E E N L S W S N M I D
O I L A X M A T A S Z Y B K L
S N N B M N A N V A A M I I A
R U T D D C A C N D A U Q W T
B T L I B E R I A Z G H U A F
M I I W A L A M O Q K M E G Z
```

No 69

```
C E D G R J G Z X A F I L A H
R E G I N A I T O C S A V O N
R E D N A G L O C Z K L J X M
F N K L O N D Y K E U L M X P
S G R G W T A A L A R I I C L
M L E Y A B N O S D U H M A S
L Y V P E O U O T N D C E L X
D U U S I I K D M T Q R F G T
H K O G S N U A S D T U P A O
Q O C E L C N M S N E H V R T
G N N E L I I I O U H C N Y T
O C A G T G N M W K H O Y N A
L I V O I R A T N O E V J B W
C E B E U Q A D A L B E R T A
I A B O T S U D Y R U B D U S
```

No 70

```
W R B Z I L L E C O R T E P Y
T M M C G I L L E L E W L X T
T J U H A R R Y O V O M L Y Y
I O H N Q L T Z T L R I E C R
M N R O G P L T R N X S R N G
W A A I O A E A U W M S Y I I
G G N H O K M A H I N M Q U A
A E Y N C P E T W A O A U Q M
S R R O I S E R F B N R E R T
O A R L U X E L M X N P E V F
O C I O D T A O U C A L N R Q
Z H L S E G L B K C C E Y F D
P C F P R O C K F O R D L G H
R E Q I C J M F I G R E T O G
S E M L O H K C O L R E H S Z
```

No 71

```
G S X D K H S M T N K X X T H
L R S T E A M D O R W A I T C
U M I A I O J I H R Y K U Q T
M A R D C I N D E R S S J M F
E T F R D O I N B Z M C D I K
H C H I L L I P E P P E R C L
S H X M E H E Y H P B E A R J
L E U A S V E R E P T U T O D
A S H N R R O C A O A C S W H
O A U S I T A T N D B E U A G
C S R F A N Q G S Y A B M V W
G G N I R P S T O H S R B E H
W O D U Z N E V O L C A N O V
B A F E Y X U C X S O B O T X
R W O O S J Q O M T D Z Z Q L
```

No 72

```
S P F H S A L U O G O D T O H
L A M B C H O P Y F K D N L M
T F L M T I Z V N Y T F M L C
N O C A B E W C N P R U L A O
D Y J N M D N D C A O R S B N
V V B M H I N D N R Q S D T E
X T E L T U C K E A E I N A K
F U E I M J F G S R S G G E C
S O F E H U R D O I L M F M I
X G S J R U V L F U R O A V H
F A T T B F E E B I L L I H C
Q R E M D X C V S V L P O N O
W R A T A L O P I H C L T I I
L H K R O P T L A S L A E V N
W Y R C Z S T Z F G I G O T Y
```

Solutions

No 73

No 74

No 75

No 76

No 77

No 78

Solutions

No 79

No 80

No 81

No 82

No 83

No 84

Solutions

No 85

No 86

No 87

No 88

No 89

No 90

Solutions

No 91

No 92

No 93

No 94

No 95

No 96

Solutions

No 97

No 98

No 99

No 100

No 101

No 102

Solutions

No 103

No 104

No 105

No 106

No 107

No 108

Solutions

No 109

No 110

No 111

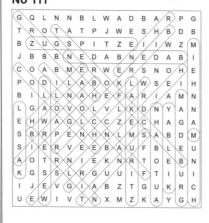

No 112

No 113

No 114

Solutions

No 115

No 116

No 117

No 118

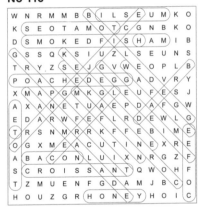

No 119

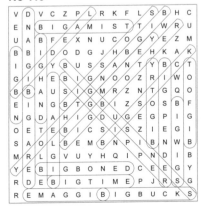

No 120

Solutions

No 121

No 122

No 123

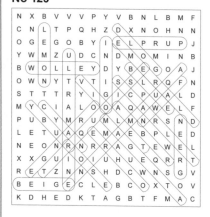

No 124

No 125

No 126

Solutions

No 127

```
S H B T P N C E A B S Z B H U
N Q Q P S A L V L K R A U Q N
U E I I W E R G E Y L D C O E
K Y W E C W P T F L Y I R Z G
H P D T V V M U I N O T U L P
E R R S O I Z S A C S C C C E
C O L A Y N T M Y Y L A I I H
N T E N X I I C L P T E N T T
E O E G C C Q K A A O S I E Y
I N O S S C Y C L O T R O N N
C U O T Z X Z Y E E I G T U P
S O I R F I S S I O N D C N K
G N V O J T A N C G R L A A E
A T O M S V O L T M E T E R J
E L N I J D B D Q I N A H W S
```

No 128

```
T Z W Z W Y K N Q S E W S K N
T R X M A M O H D N A L N I F
X G K W C M O G T X A O D K A
W Q R G R E Y K J A V I K N K
M O A E S C I T L A B S G I A
N S M C E K U R T E T O V S R
K T N U O P A N Z A T R K L C
D O E A A P A G I H A O J E T
N C D E J J E C E N R H L H I
A K I K O X E N H R L Z A S C
L H F K K L B W H T R O M S O
P O U A A U T R V A R A T L P
A L D N R E N N A V G O K N E
L M D G F K Y S W E D E N O I
X P S P I T Z B E R G E N W O
```

No 129

```
P J M K S L Y J L X L B U O R
P G E I I N I A T N U O F Z B
G U S H I N G T N E R R O T W
H A T P Q L W P H I N E L J U
O H U C I L U A R D Y H L P I
T G A S A R O R T G S O A V S
W Z R R J R R O N E B L F N L
B X Y I X S A I P G R E N H M
D H X V A V W T G L N F I Q H
J N A E C O E N A A R I A B C
L G C R L L I G S C T I R L I
Y A P F P H O T U I R E H P L
T T N O T Y S I Z L T U M W S
B T R A K Y I S T R E A M E W
H D B I C S E S P U D D L E V
```

No 130

```
O O R Q S P S C G Z Z N B H T
F E O H S N U C Z U Q N P X I
I O C L A R I N E T I E S M K
V B A S S O O N H L T T Z B X
E O R T O X O A O R Q E A E F
N G I Q A H R I O T A P Z R Y
O I N D P M V M F C I M M Y C
H H A O O B B H C A E U R L F
P U L N X O J O N T I R E R F
O Y I O N H R O U N L T D E E
X C G E P D O L O R H O R N A
A J U A I Z F H K Z I K O R J
S N V O A A P R A H E N C K O
G I N F M U R D E L T T E K Q
W V U K E L E L E P Z H R O B
```

No 131

```
C M L G N I L L T R O R J P V
B R R H A J I L E I N A D H R
L D C D W B W P X H B U I V L
I C A Q Q I R B A R A B B A S
Q M T W M Q A I A T J H Z B M
M F J E B O R H E I S A A C Z
H A M P G A A P N L R O C K U
C G O I H M G D Z U D N Y O M
O L S C I S A M S O N T M D B
V I E Q C V Q C R B J D A M Q
S Z S U I N U E P E T E R Z S
O Y C D M I H S S P V R Y Q G
N R H L U A P U H O Z E O B L
D D E X H C S Z K S A J K I Z
Q D V I R J N D T O J L O G C
```

No 132

```
W M N N Q Y C W B B X N Y O W
K O N I L J C T E Y A N P B T
E D T O T O Y K K T K P G N C
Y G Z W T A U E F L R X Y E P
H N D C O O R A G N A K D T N
O I D E D K K E O J C E Q E N
L K Z L L N A C K U P T T X D
E V I B I W K S T P K T S I E
K K T B E E O N A I I L O T K
A V Q O D J E N T K M E Y I C
N X F N E K D C K G K D G A O
S K O K A I H I B T I R I W N
A K L Y K E T C H U P U T U K
S I A W N W Q T A U Q M U K L
I K I S S C Z M A Q K F R M F
```

351

Solutions

No 133

No 134

No 135

No 136

No 137

No 138

Solutions

No 139

No 140

No 141

No 142

No 143

No 144

Solutions

No 145

No 146

No 147

No 148

No 149

No 150

Solutions

No 151

No 152

No 153

No 154

No 155

No 156

Solutions

No 157

No 158

No 159

No 160

No 161

No 162

Solutions

No 163

No 164

No 165

No 166

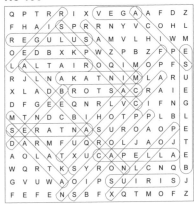

No 167

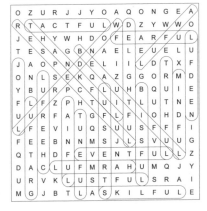

No 168

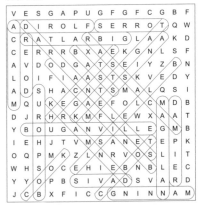

Solutions

No 169

No 170

No 171

No 172

No 173

No 174

Solutions

No 175

No 176

No 177

No 178

No 179

No 180

Solutions

No 181

No 182

No 183

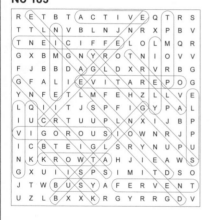

No 184

No 185

No 186

Solutions

No 187

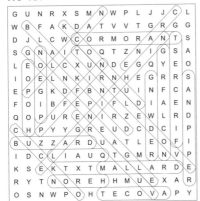

No 188

No 189

No 190

No 191

No 192

Solutions

No 193

No 194

No 195

No 196

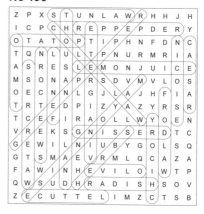

No 197

No 198

Solutions

No 199

No 200

No 201

No 202

No 203

No 204

Solutions

No 205

No 206

No 207

No 208

No 209

No 210

Solutions

No 211

No 212

No 213

No 214

No 215

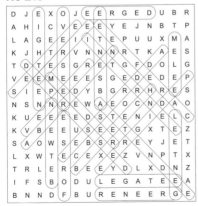

No 216

Solutions

No 217

No 218

No 219

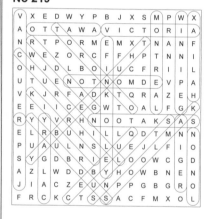

No 220

No 221

No 222

Solutions

No 223

```
R E P E E K O O Z C V W T N N
S Y O B L L E B E W T R A Z J
E R L O T R L H D I A M E T G
C C I F M E K A Y I T I O G B
U L C W C T A U N S S L T G A
R E E A V H I D O G I Q B E H
I A M I C G R P N P N T U S R
T N A T S I S S A P O H S R S
Y E N R V F T O M T I S D U X
G R T E T E E L R U T N R N D
U O R S P R W D O N P G I E T
A L D S C I A I O W E H V K U
R I B W S F R E D O C E E H J
D A D X N I D R N J E R R O U
Y S H H E D I U G L R I G D I
```

No 224

```
J D E L O O H C S H C R I G Z
Q R Z P T A Z A Z C O O U U R
H D Q I S E G D E L W O N K T
C E E Y M A E M B D L U J H
W T U S C A O S W A E I T J G
S A Z I R D G E M R G O P K I
E C O G S E L I S H R T P Z R
N U L I D L V T N E H I T E B
S D W E R C A L D A G N H C W
I E P E V N A U L D T S G H A
B W A R D E U C O E L I U N P
L D K I A R R A U D W G O O P
E M N F M H S F W M N H H N A
B G N I N O S A E R E T T H Q
N P S D W E R H S U I N E G V
```

No 225

```
B I T V O T G B D L F Q A N Y
O P O N V R X A L E R T R K S
R L T B E N A W Q U I E T O G
Q M D M R X H U T A N P O E H
K U I E G A U S S A E T S A L
T T M T C I G L T Q H T L O W
N E I Q I R D Q N E K C A L S
D D N N K G E J U T Z H M B L
X R I U R X A A P A C I F Y A
N E S S E L L T S R L S P A V
D D H G P R O A E N I M W M
O U K M M R W Q A D Y B F W V
P C L L E N E T F O S U T Y V
V E A L T W R D K M E Y X E J
J C H X Z C E X L O N B O N P
```

No 226

```
B G S C G W O N D E R F U L A
J N D L B E N E V O L E N T I
P I B E A U T I F U L B E H P
R L S L P Y T N A R E L O T Y
K L U B G C O N V E B S F T G
R I O A D E L L A U Q E N U
E R U R G E B B E O W L I E A
L H T U R F A E R G B M I L K
I T R O V U R E N A R K N L X
A B I V L G N I R A I H L E B
B M V A A E S I H N O M W C Q
L I V F G A S C D N X A I X P
E N B P E E R L E S S A A E K
I G W L D B Y S U P E R B M B
G M P T E H T Q F G Q F V F G
```

No 227

```
T N E N Y R P F B C H G L F J
X G J U N C Y Y G U G W J X A
F A U H D A H Z O R E E G E X
W P E A W B C I D V V X N M S
E N S E D A U S R E P I E Y T
S O V F Q W D S E K F T V R H
X I W P D H L R D O B L R D T
G S T Q Z B U Q M K N E E L F
J S R G I T O P N R D V W C S
F I O E A N M F R M I C S J T
Z M B V W O C U U A V J R Q O
K B R E B O W L T X E L F E O
W U A A N G L E I S R N S N P
C S V I P D A A M N G W R X K
P O A K K Y V N D H E D E Z L
```

No 228

```
T Q A Q A U Y H W B Z E F V N
B N F R A N K I N C E N S E Y
O B E L L S N S O I B A M H Q
G Z E V E S A M T S I R H C O
Y N J Z D V T M J N R A L G M
E M T P I A I A T Z C T I X L
A V I O B E V N O E L S Y E L
B N U S E I I G B F E G U F I
Y R G T T C T E Y U H N L B W
J L Z E H L Y R V D A I E H D
E W L O L Q E X M M I D T S O
S G L O E V C T M P S I I D U
U A K G H M A E O C S U D D G
S W I S E M E N V E E G E T O
G X N O M C P P L V M N J T J
```

Solutions

No 229

No 230

No 231

No 232

No 233

No 234

Solutions

No 235

No 236

No 237

No 238

No 239

No 240

Solutions

No 241

No 242

No 243

No 244

No 245

No 246

Solutions

No 247

No 248

No 249

No 250

No 251

No 252

Solutions

No 253

No 254

No 255

No 256

No 257

No 258

Solutions

No 259

No 260

G O C U E E Y V K U X M U P D
Q O O R F T O C A W M F R T D
M M A I E T A R E P O O C T K
F X S A B D T L F M L Y D X
G Y S E D W V O I O Y L A R P
V X I E R I A H T L P O O E E
P Q S X D N N E T P I W N L H
X Q T G N N C G U Y R C S I I
E P S Z O F E S P E O V A E Q
I J O J C U G I U U E W S F P
R Q O X E R M Q R B H V J W J
T E B A S T G A H F S O R O N
D K H M K H G U E V E I L E R
T J S P E E D E L Z V B D Z S
I W I Y T R O P P U S I N Y S

No 261

No 262

No 263

No 264

373

Solutions

No 265

No 266

No 267

No 268

No 269

No 270

Solutions

No 271

No 272

K L U W G M R F A D N A G U R
M V I S C A H K V N B U X N V
D C E I R H O L L A N D D B R
F T C R R W A V N C P U A I M
U D D Q A O A D N U O B B B X
G B M Y C N O T D R J A H Z U
M H R D D N D D L V N S D B O
O D W A E X P A N D E D N R
S M L P N D N H L A P L A N D
A P S A T D N R T C T A R A N
N H Z N O A Y A E I P J R L A
D V T D K F N N M D P N E S L
Y D N A C A N D L E N A G I O
P Q J W E F S O E A R A W L P
O G K J P D K M F M I Z W P Q

No 273

No 274

P P V S P I L U T V V E K Z Q
V I X C P I K W E M I S E G K
I L J A L U M I R P F O H S O
V K N A I S H C U F J W L R B
F S C S D A M S A L V I A E F
Y J P A O B C I A L A S S H T
I T E Y F V L I D I B T H T O
G Z T P F H N E N O M E N A J
C C U R A E A N N O K R P E D
Y H N D D I I Y M I P I Y H C
Z T I R L Z N R E O M A V N L
C T A E I A S O M I M S J E F
G G B F J J I I G Y N P A W C
J O H F K A I S E E R F I J C
L Z C V P P M A N E B R E V W

No 275

No 276

M K C S P Z V B D M T N U Q D
W X Q U A G H S E M I R J F B
Z F F I C O V E N A N T M E R
Y X U T D O T W G T N W I F Q
K G S N B O N R Z C C U B D V
M T N E S S A T B H N P V U R
I P E S U B S C R I B E B N B
R X S N T X O G T A N G L I Z
Y E I O X N W E C D C D S S G
H H M C F C P C G G C T I O X
V O O O O M O K H A R M O N Y
Q N R M F R M H R K G L J J G
Y M P G D A E E E L T N N V A
E L K Q C O N C U R Z O E V M
Y L L A T C I I J E E R G A P

375

Solutions

No 277

No 278

No 279

No 280

No 281

No 282

Solutions

No 283

No 284

No 285

No 286

No 287

No 288

Solutions

No 289

No 290

No 291

No 292

No 293

No 294

Solutions

No 295

No 296

No 297

No 298

No 299

No 300

Solutions

No 301

No 302

No 303

No 304

No 305

No 306

Solutions

No 307

No 308

No 309

No 310

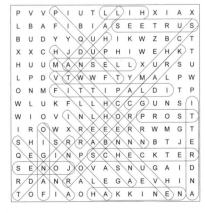

No 311

No 312

Solutions

No 313

No 314

No 315

No 316

No 317

No 318

Solutions

No 319

No 320

No 321

No 322

No 323

No 324

Solutions

No 325

No 326